Copyright © 2020,Libro de colorear para adultos

Par

Colorear publicación

todos los derechos reservados.

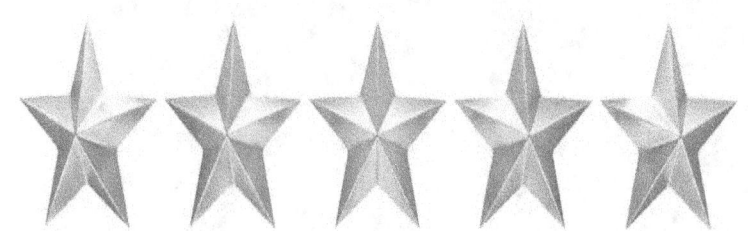

Tu opinión nos importa, si te gusta tu libro

'100 Animales Libro de Colorear' Por favor dejenos

un commentario.

Tu opinión nos ayuda a crear otros libros solo

para tu palacer.

Con saludos de nuestro equipo Colorear publicación.

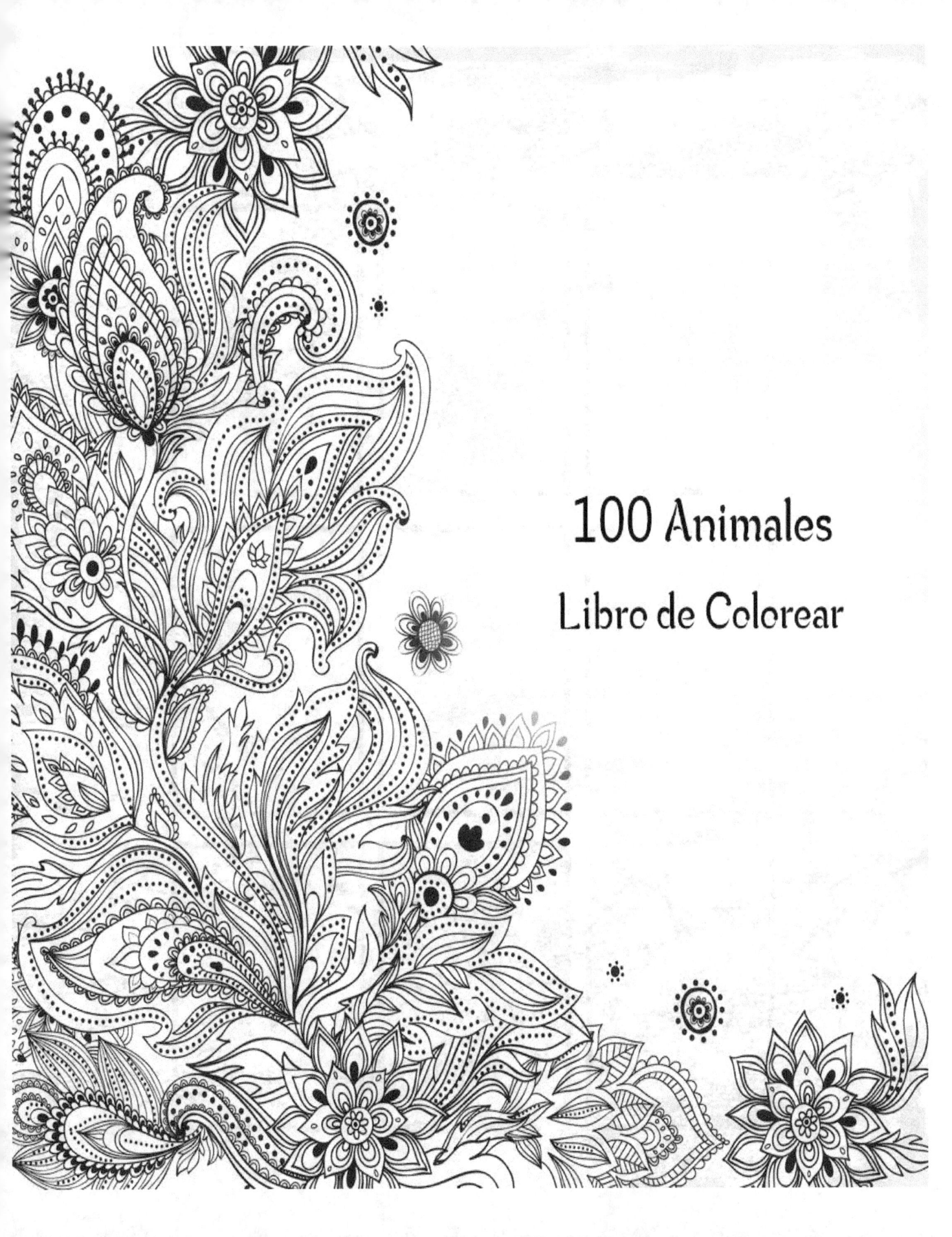

# 100 Animales

## Libro de Colorear

# la página de vista previa

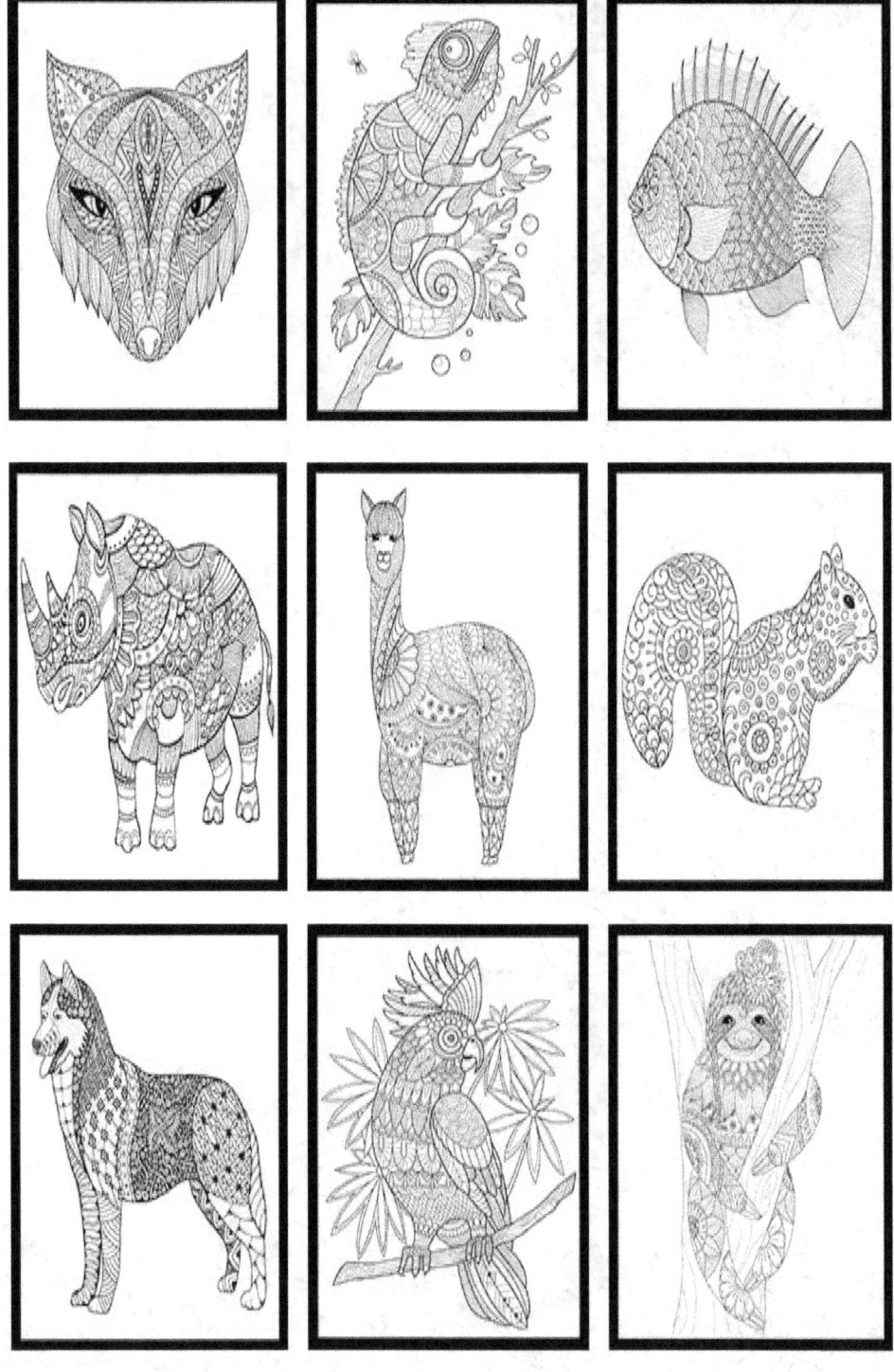

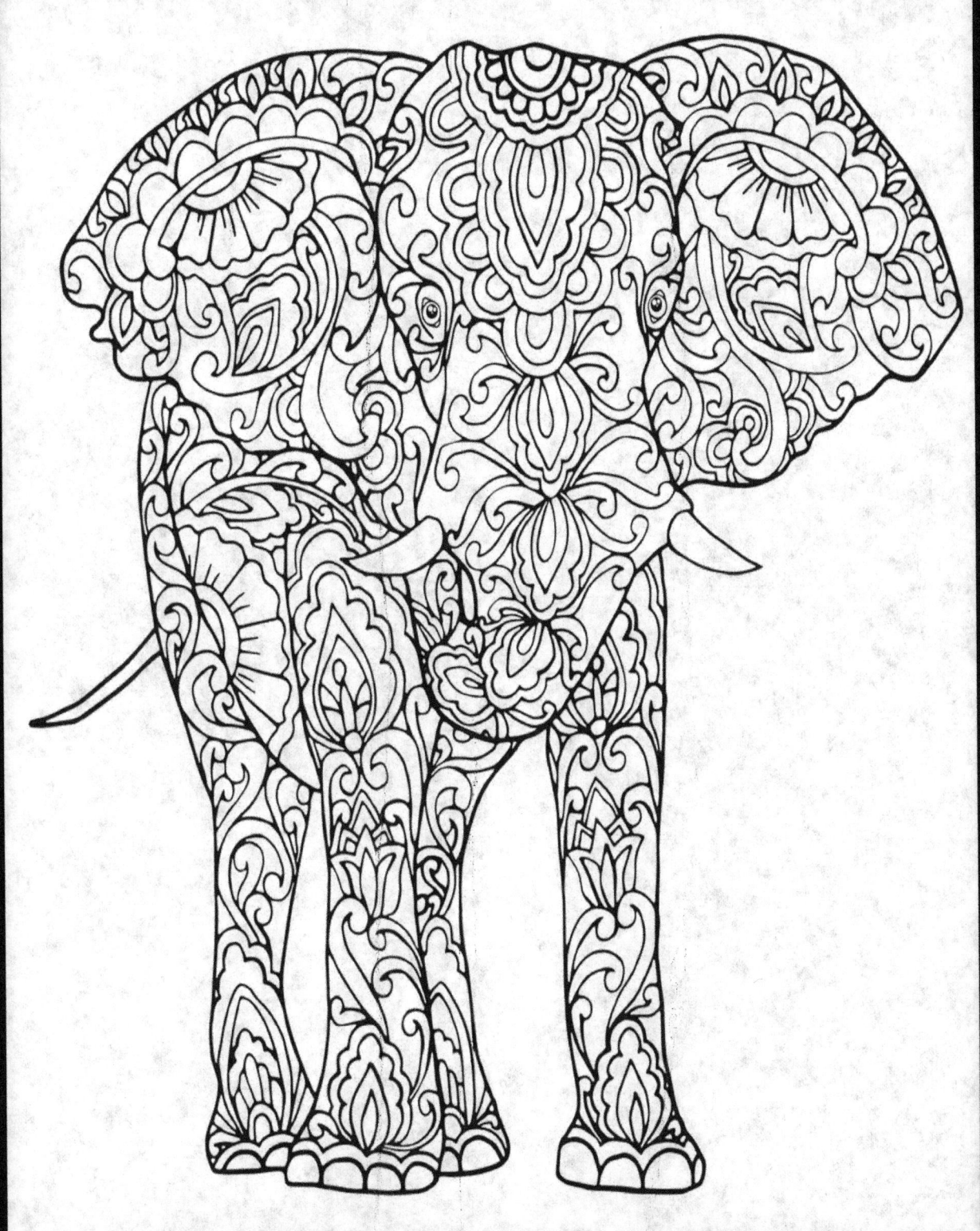

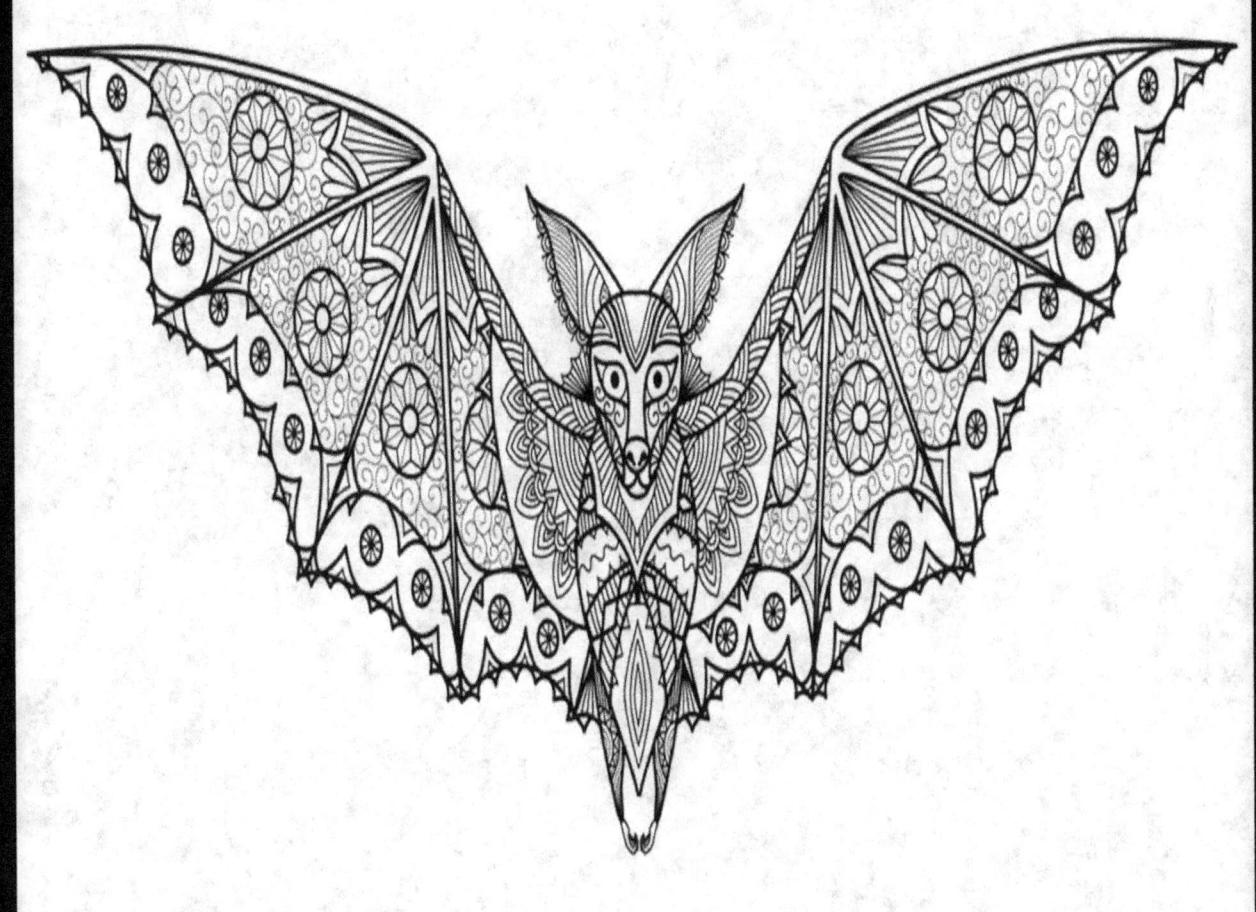

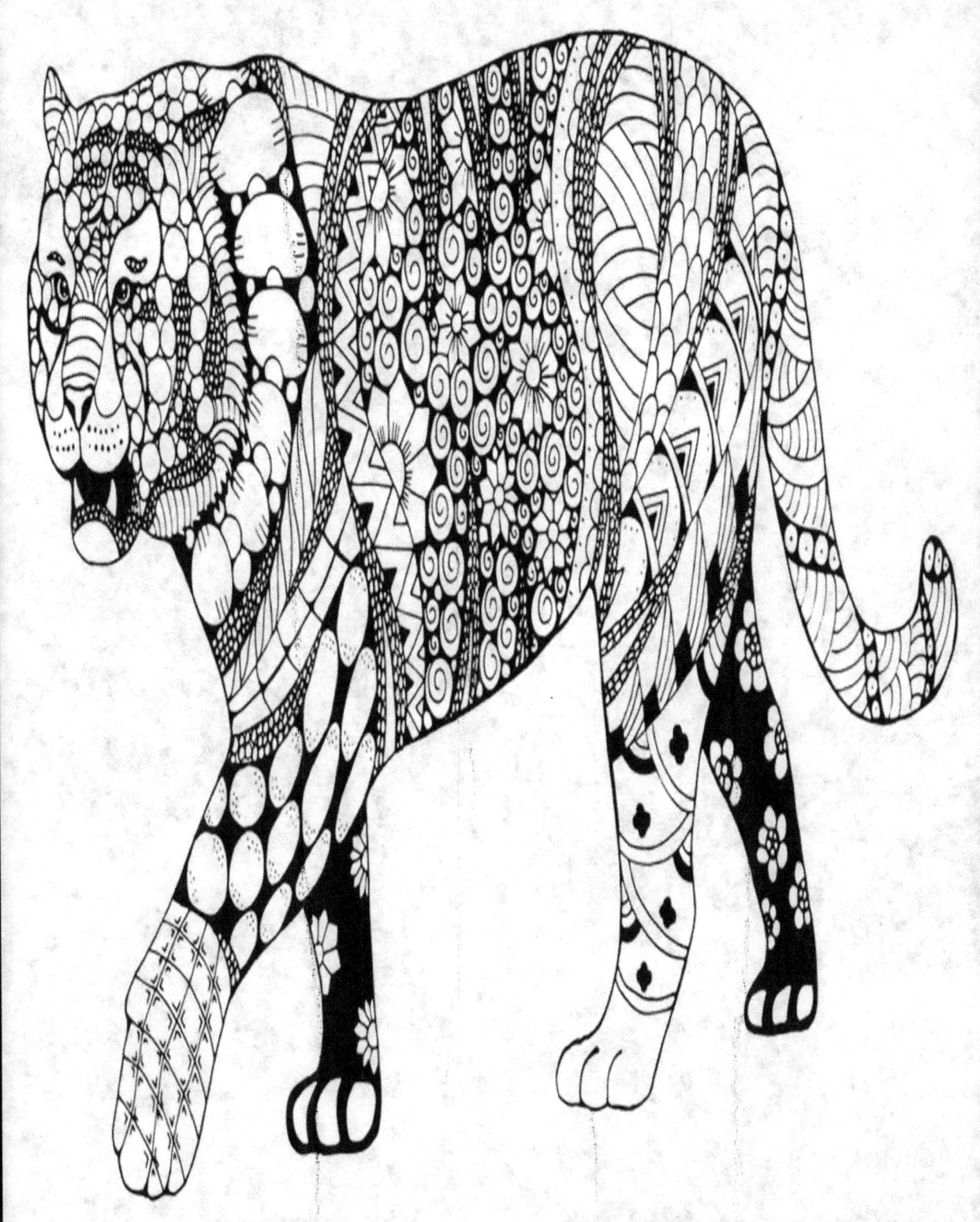

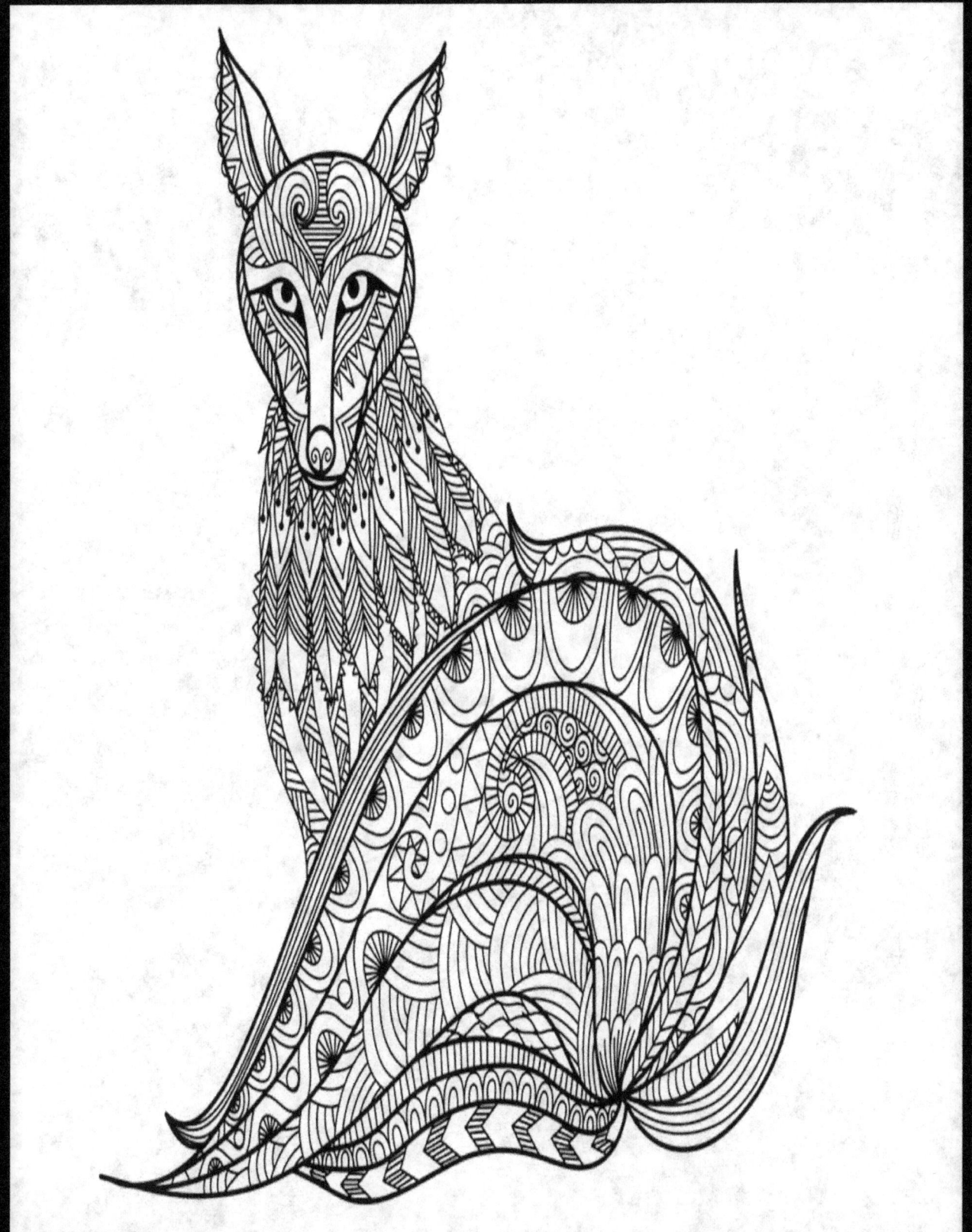

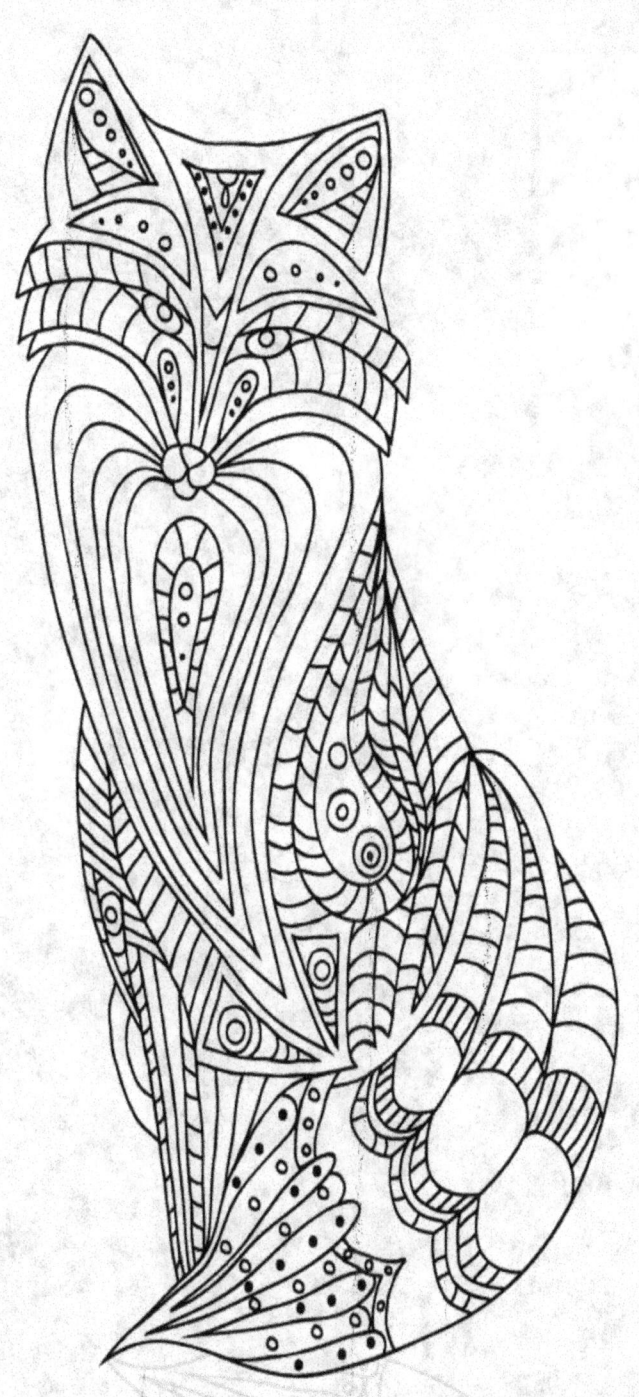

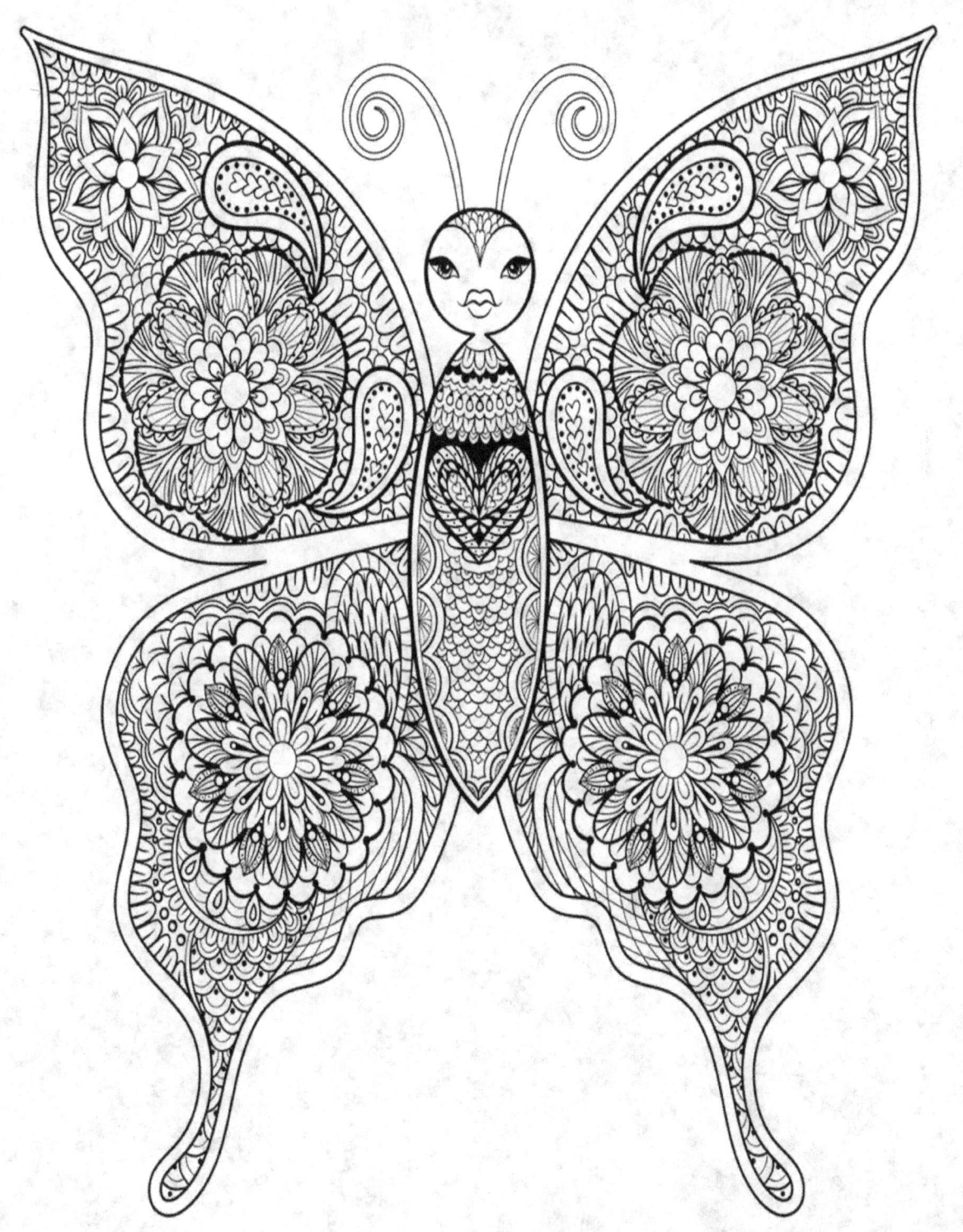

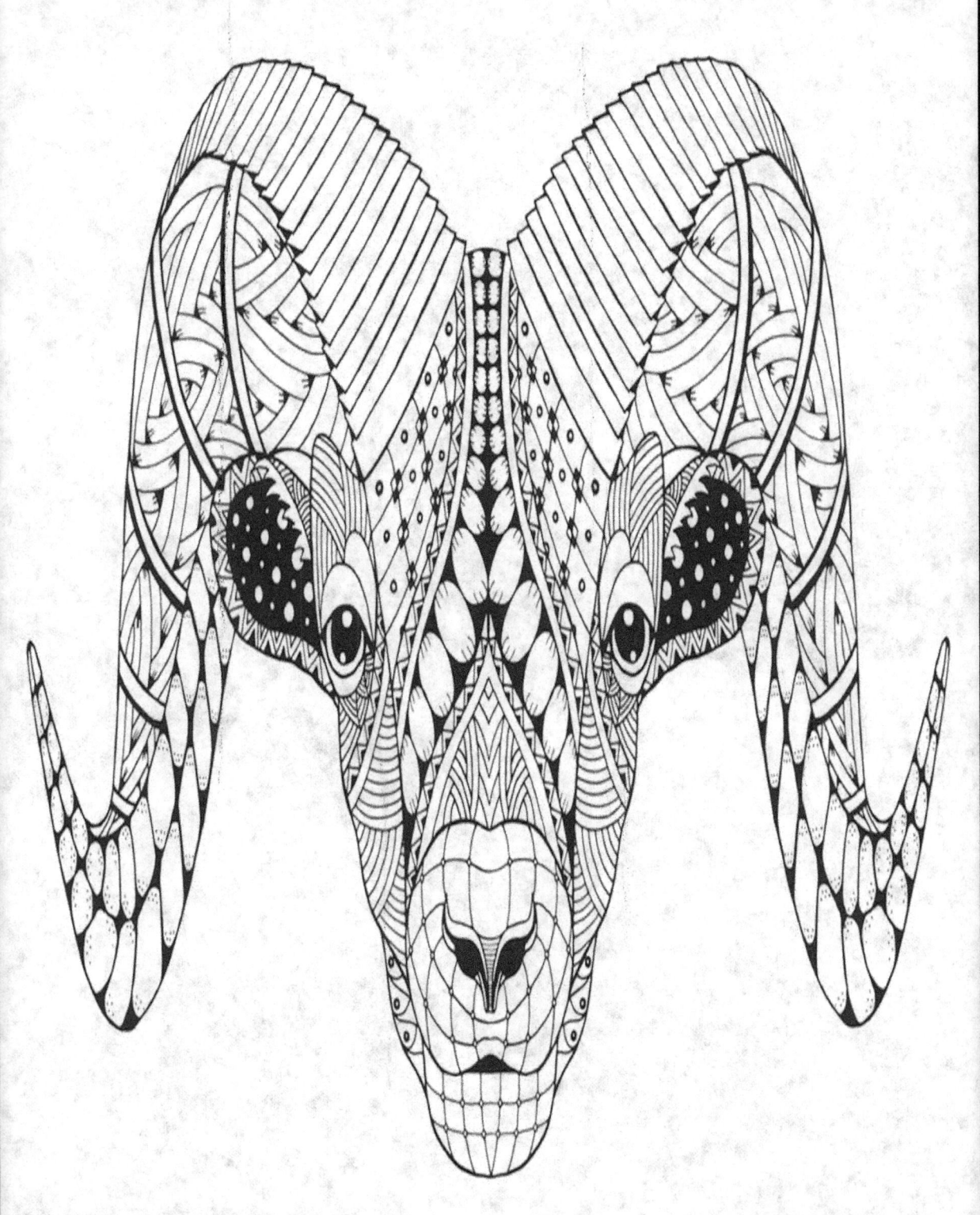

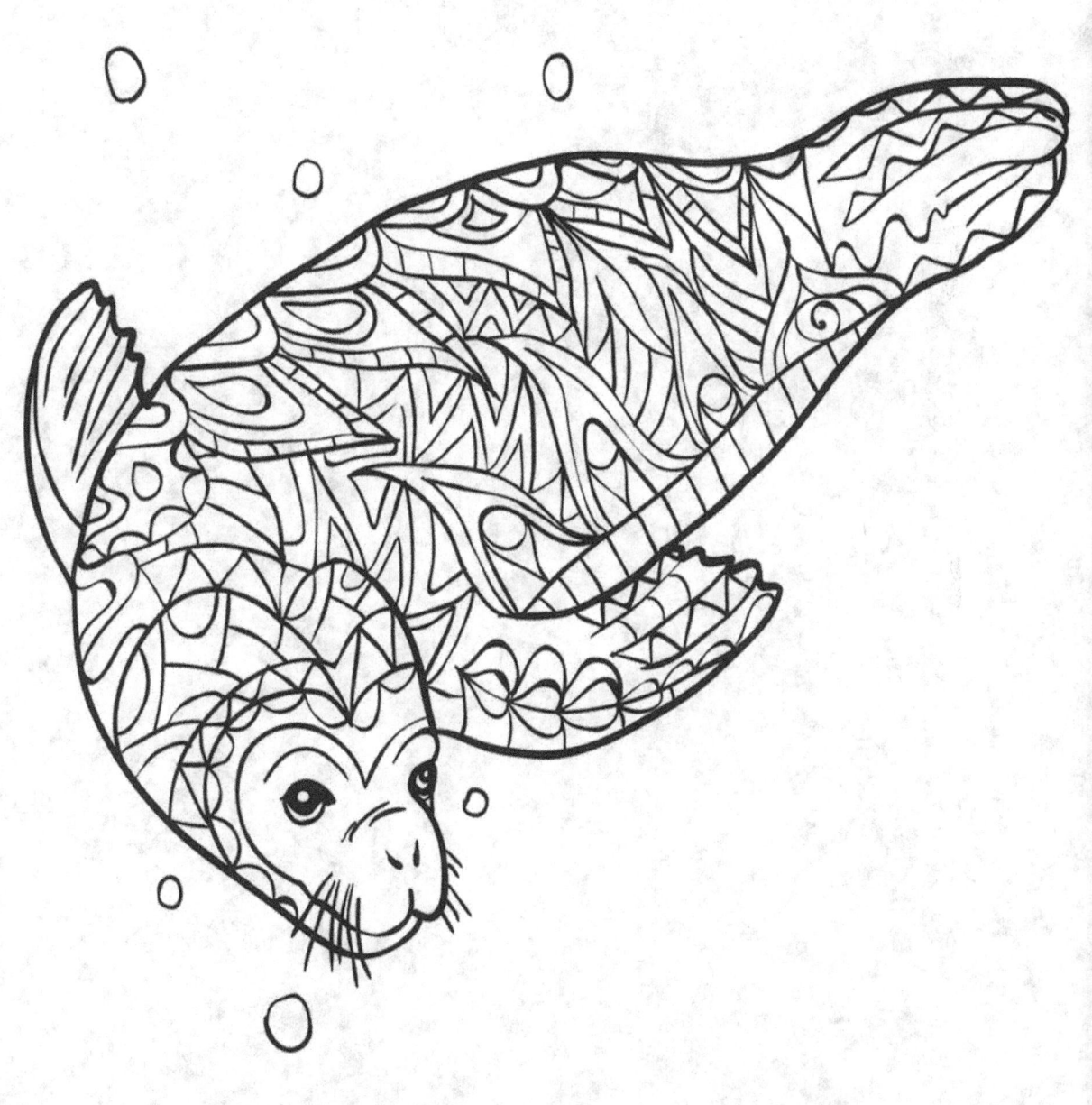

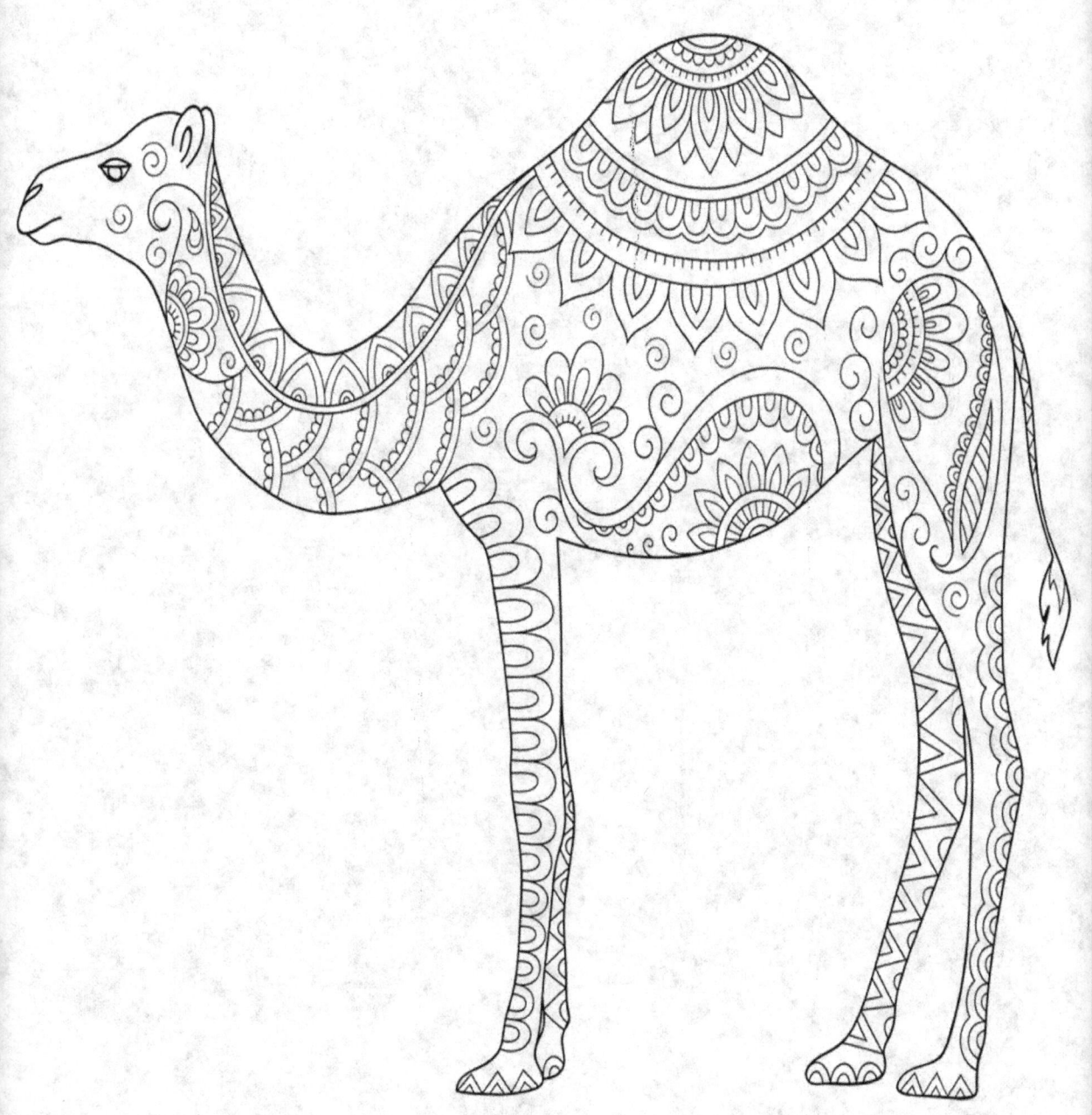

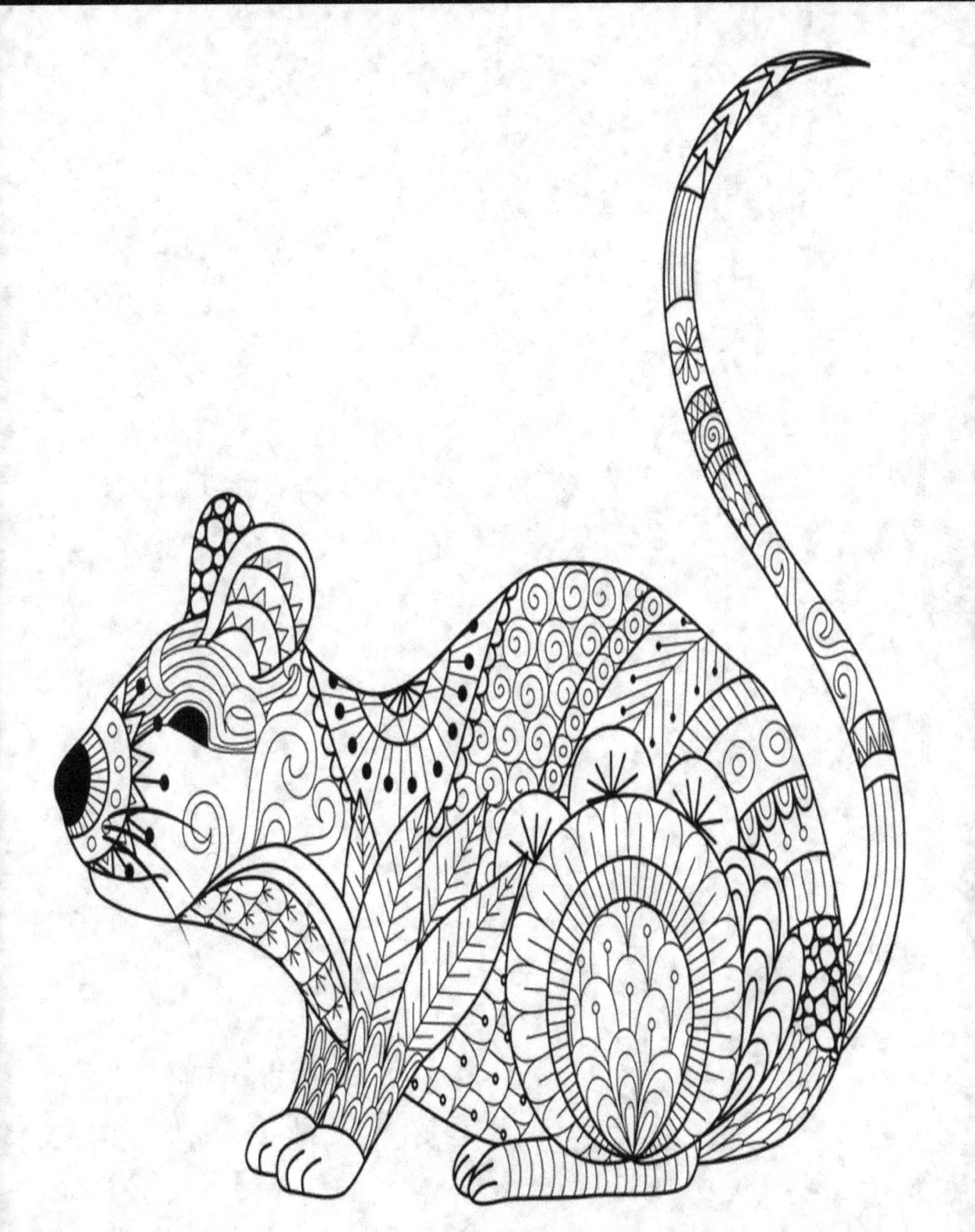

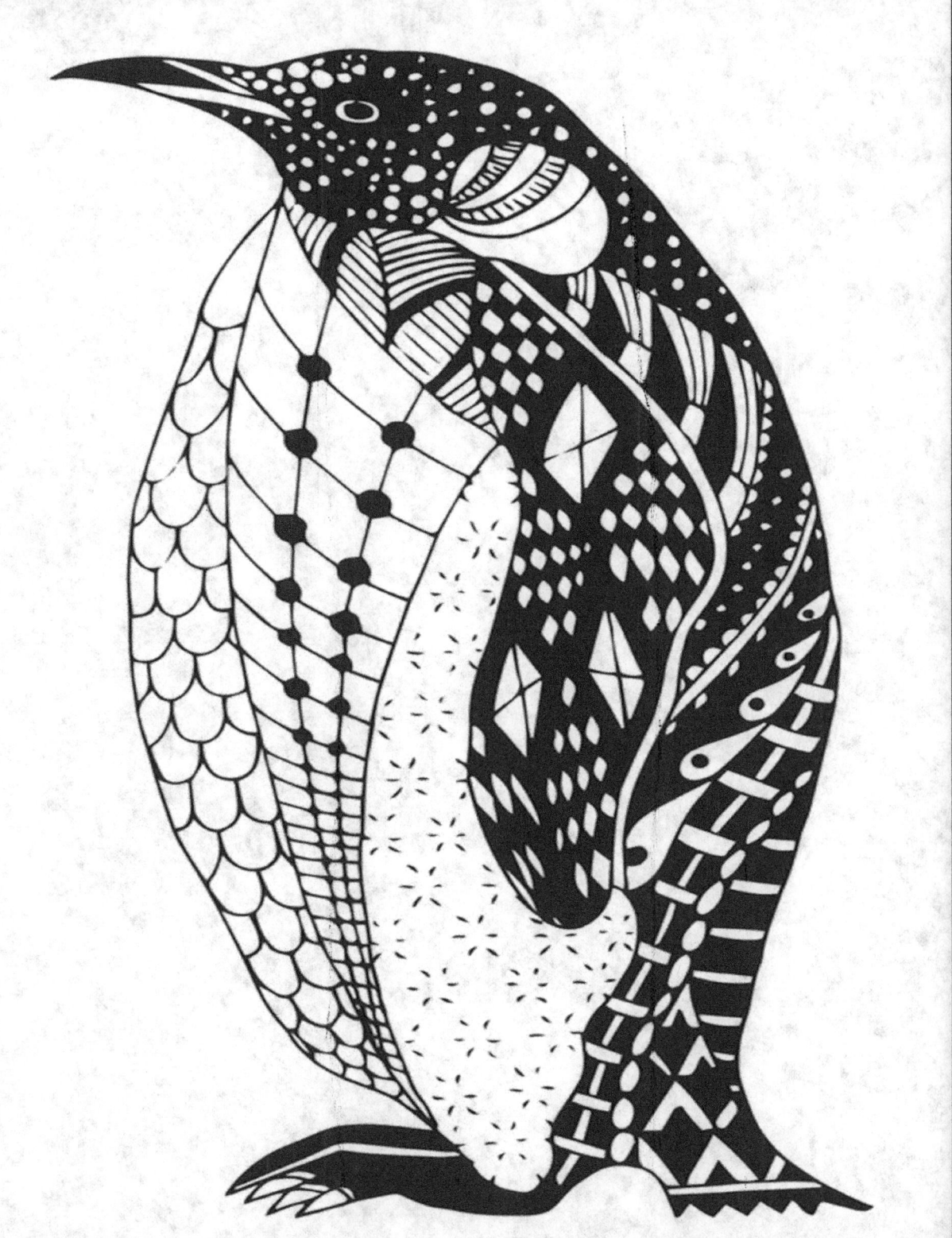

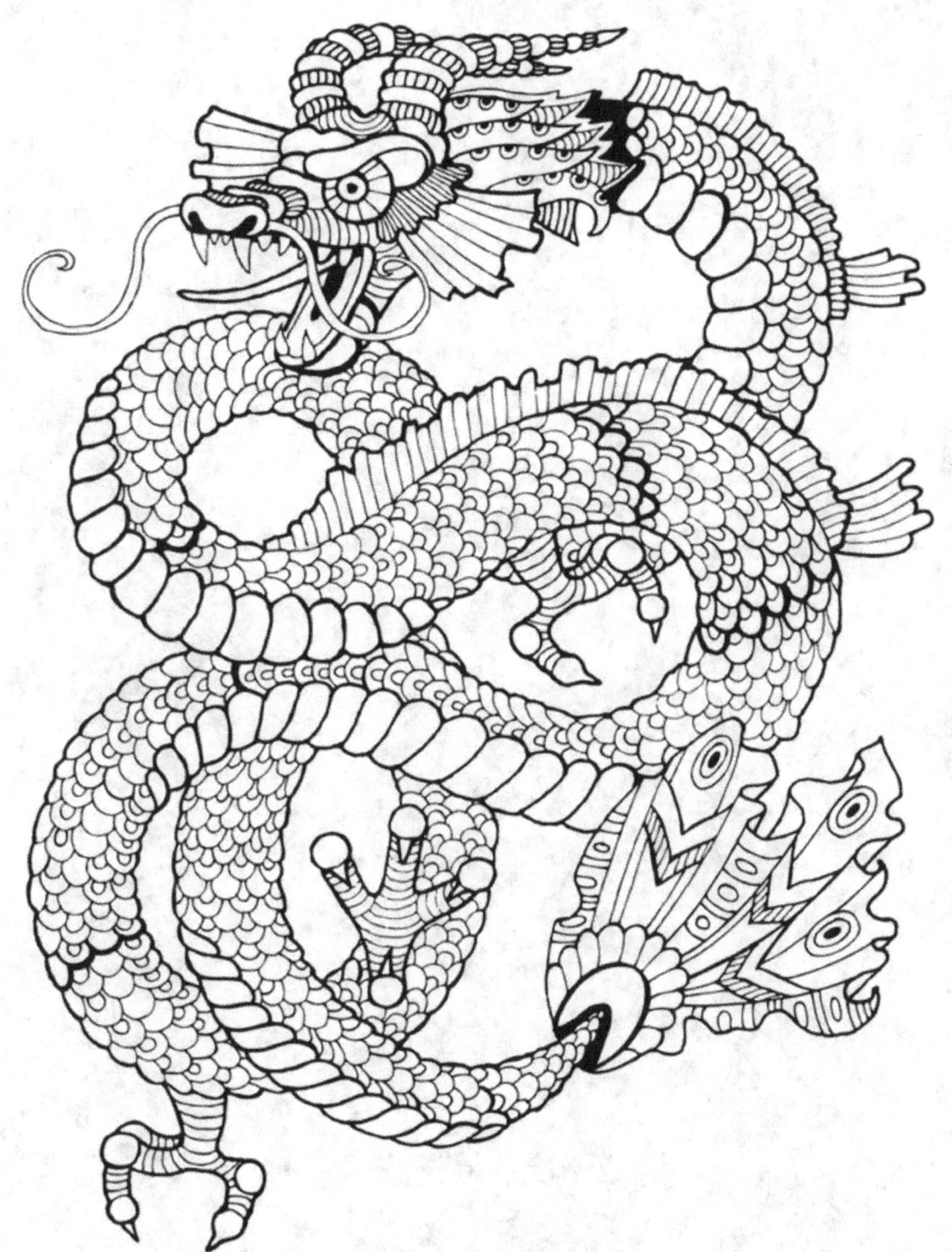

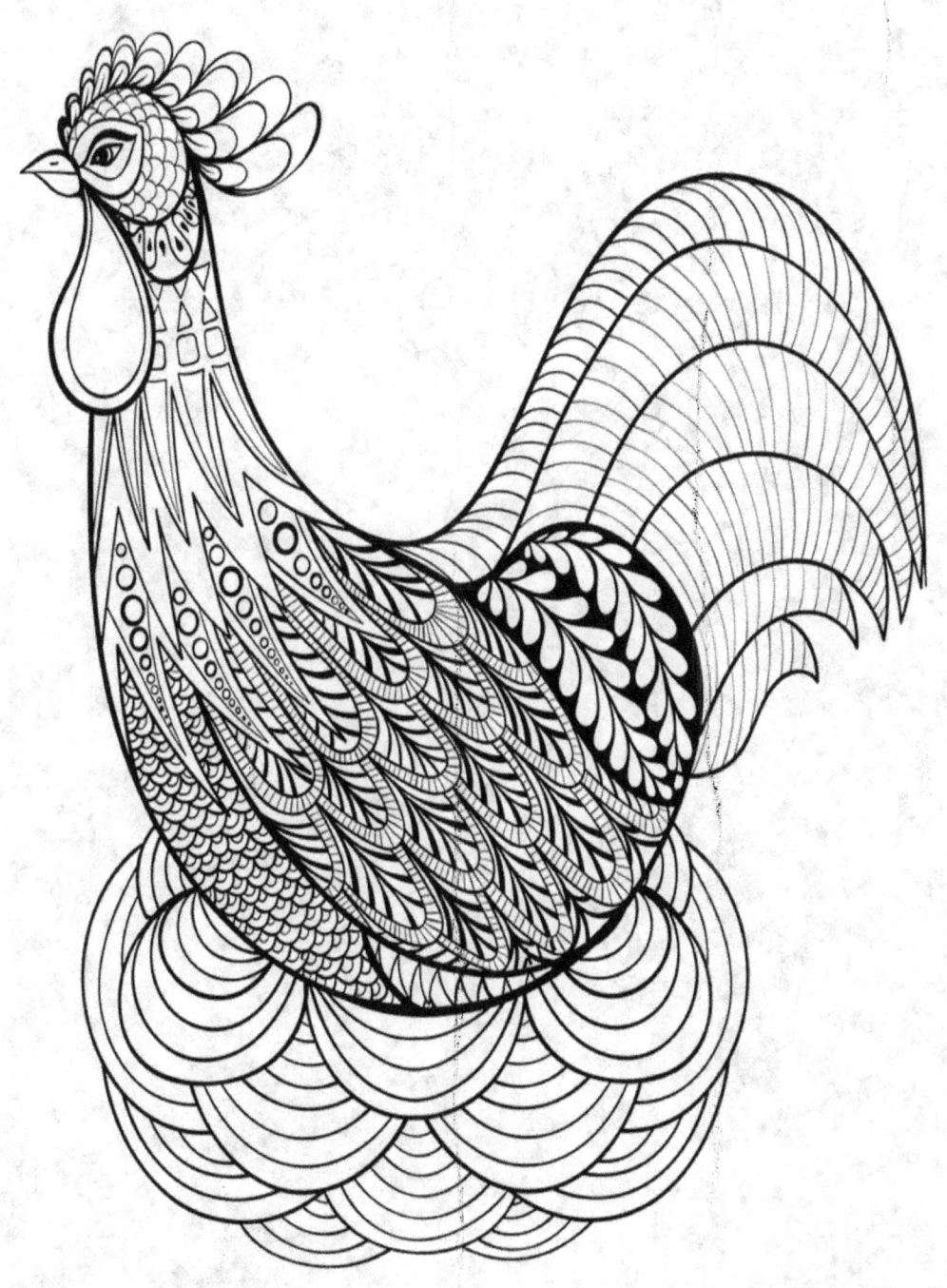

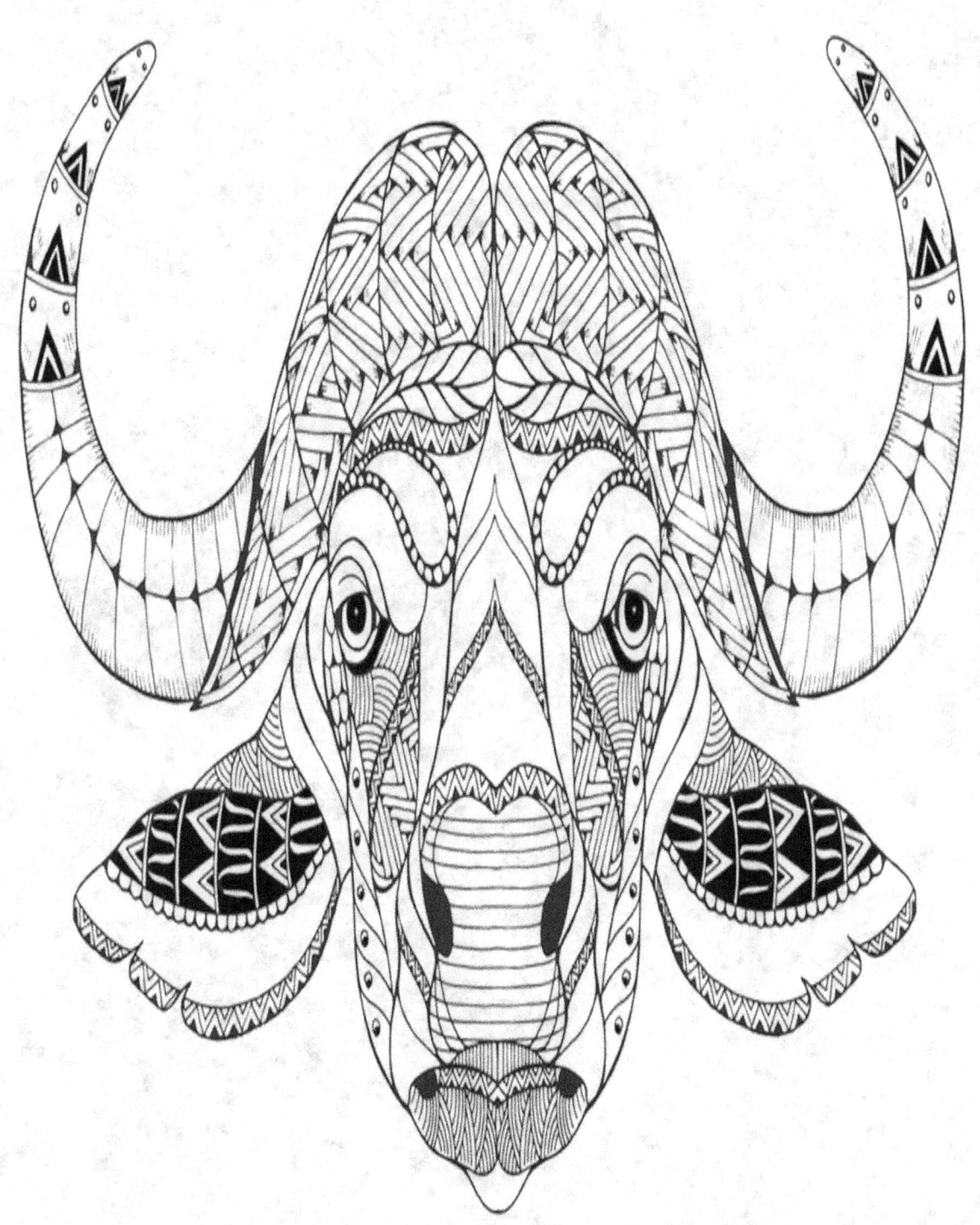

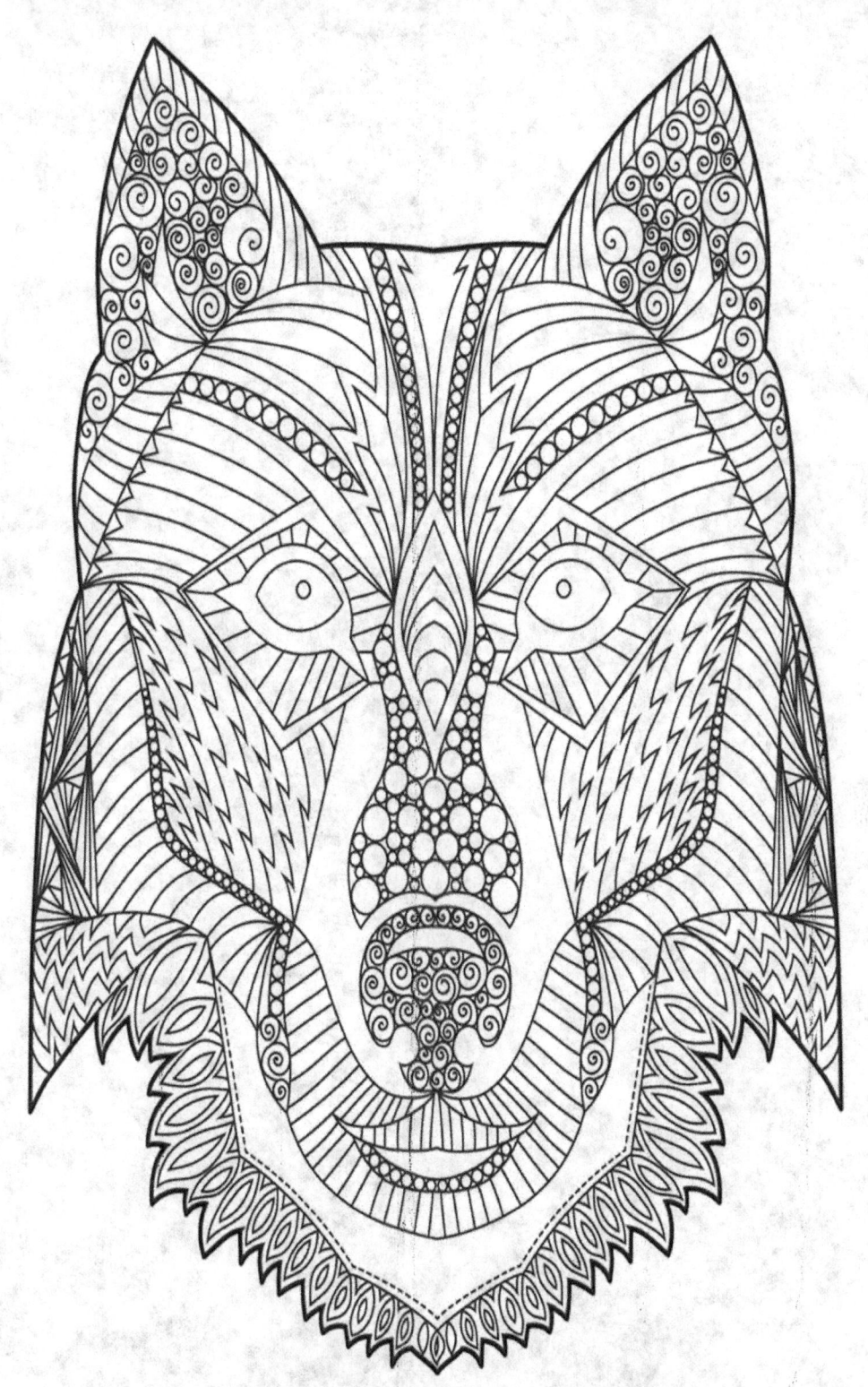

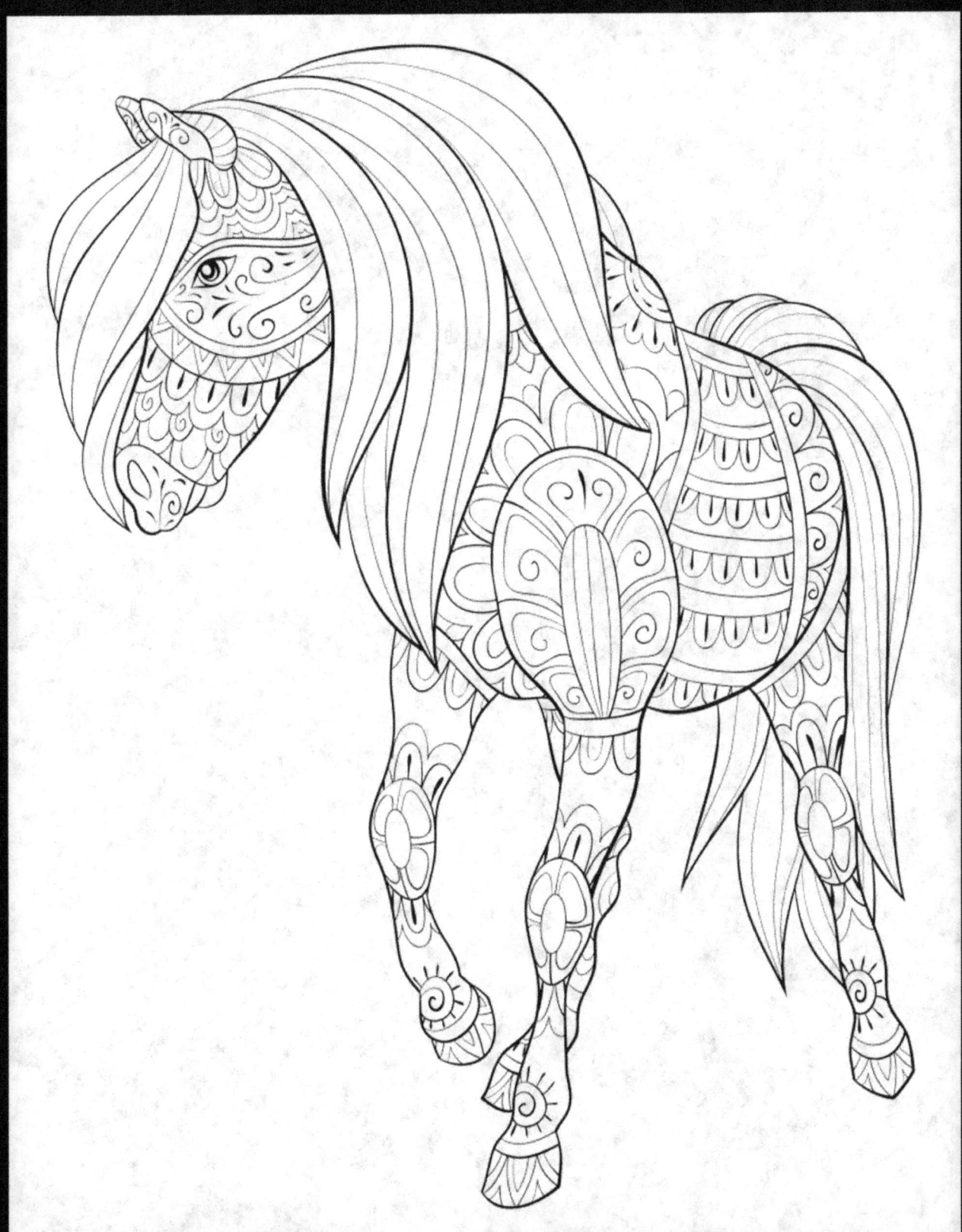

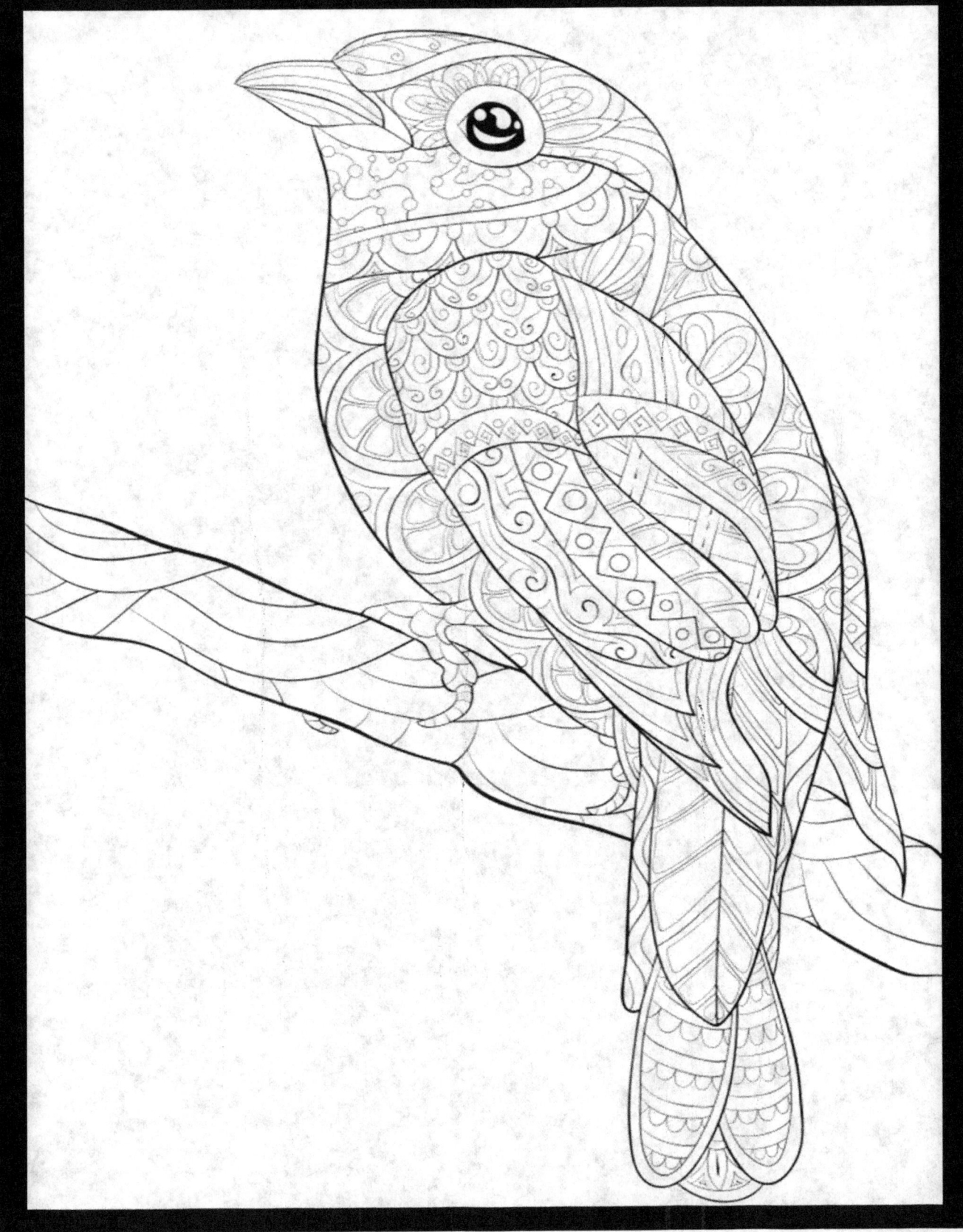

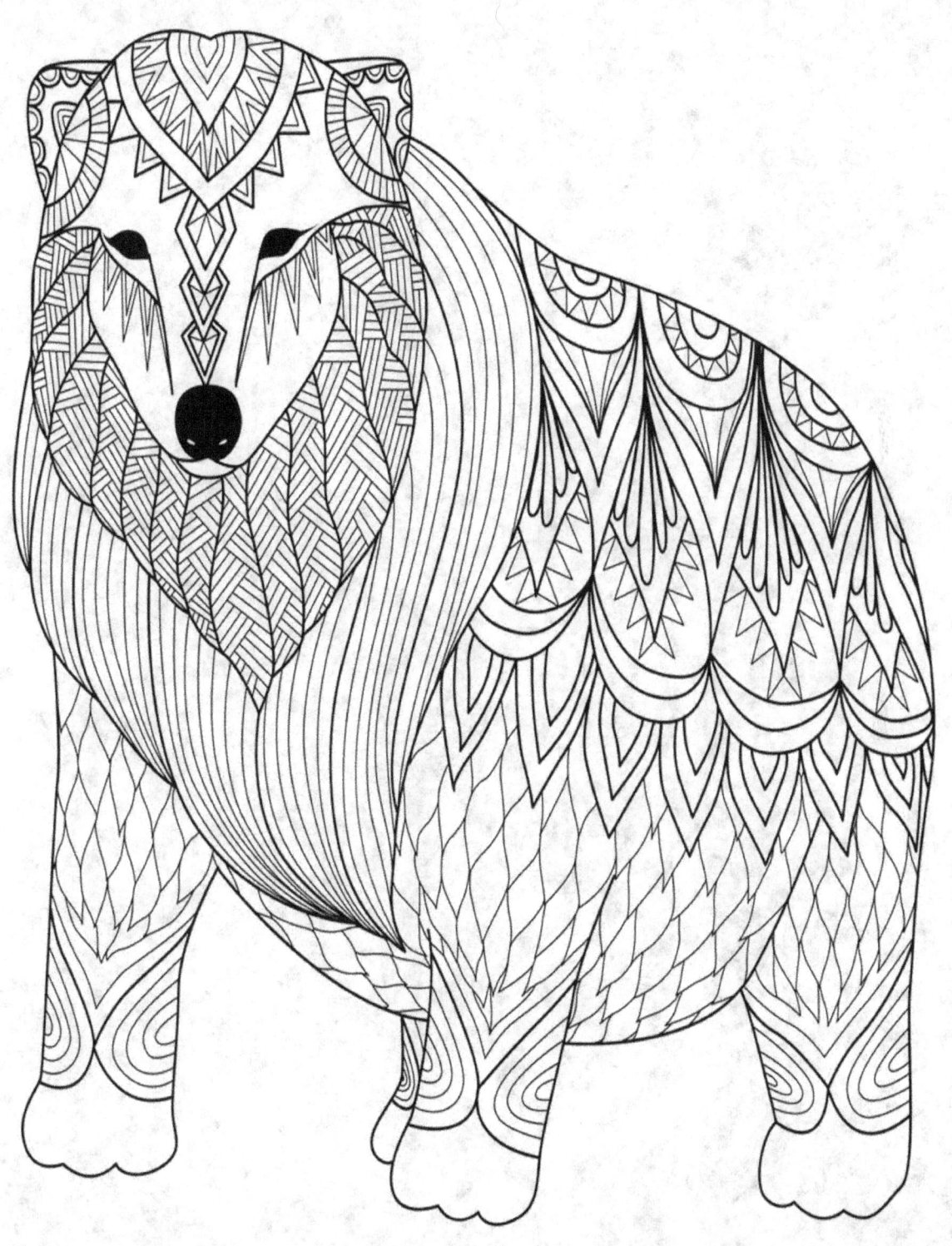

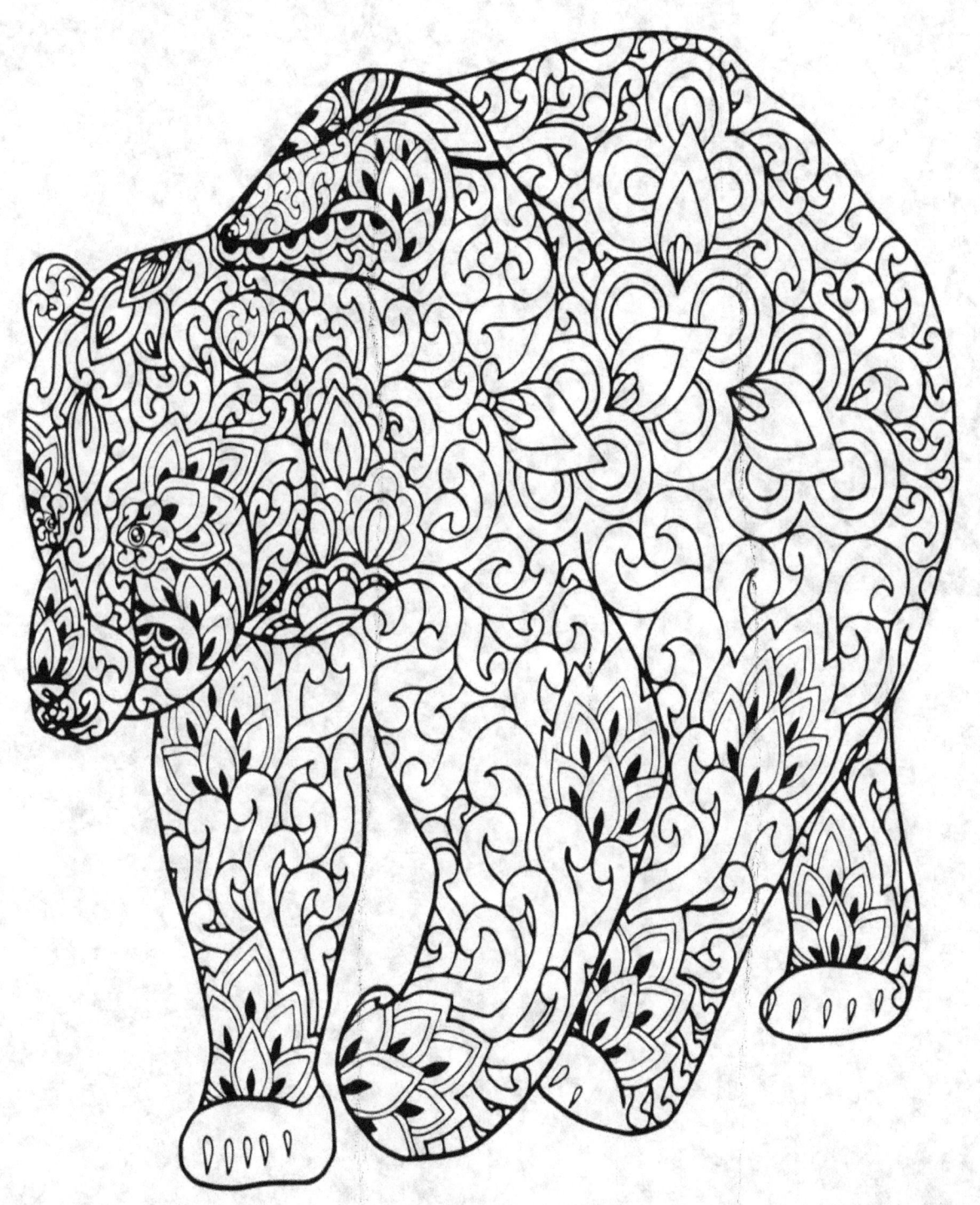

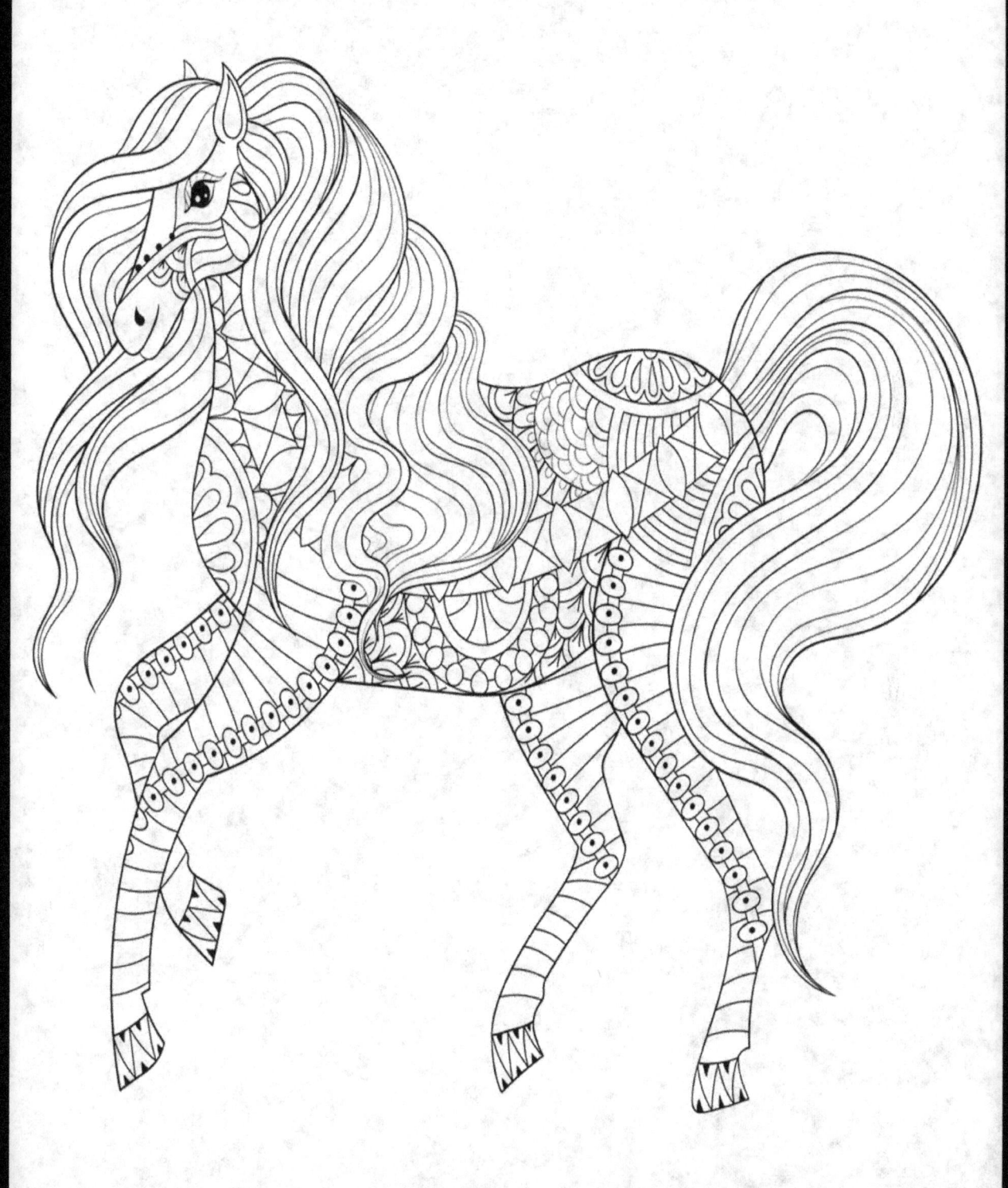

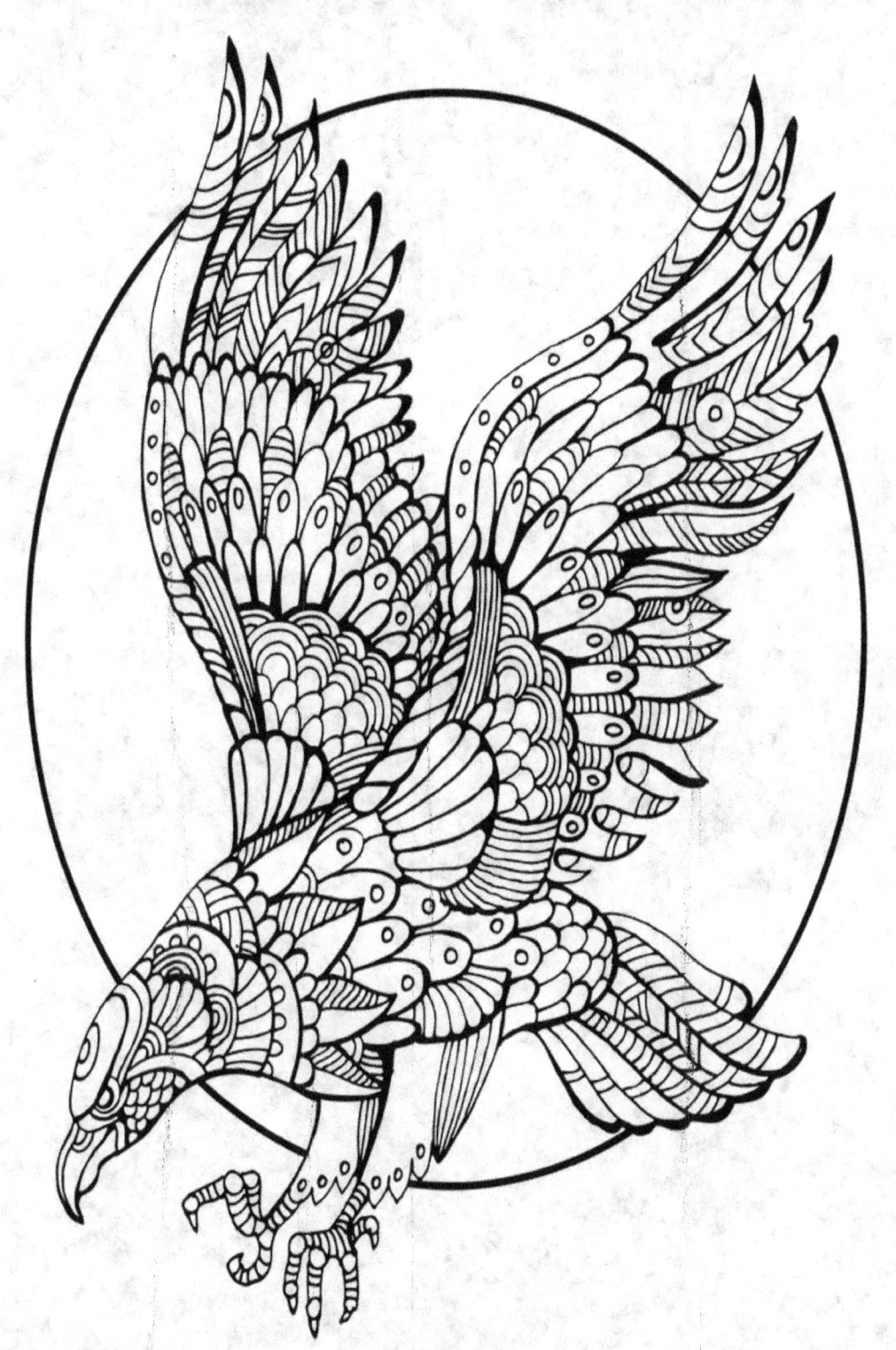

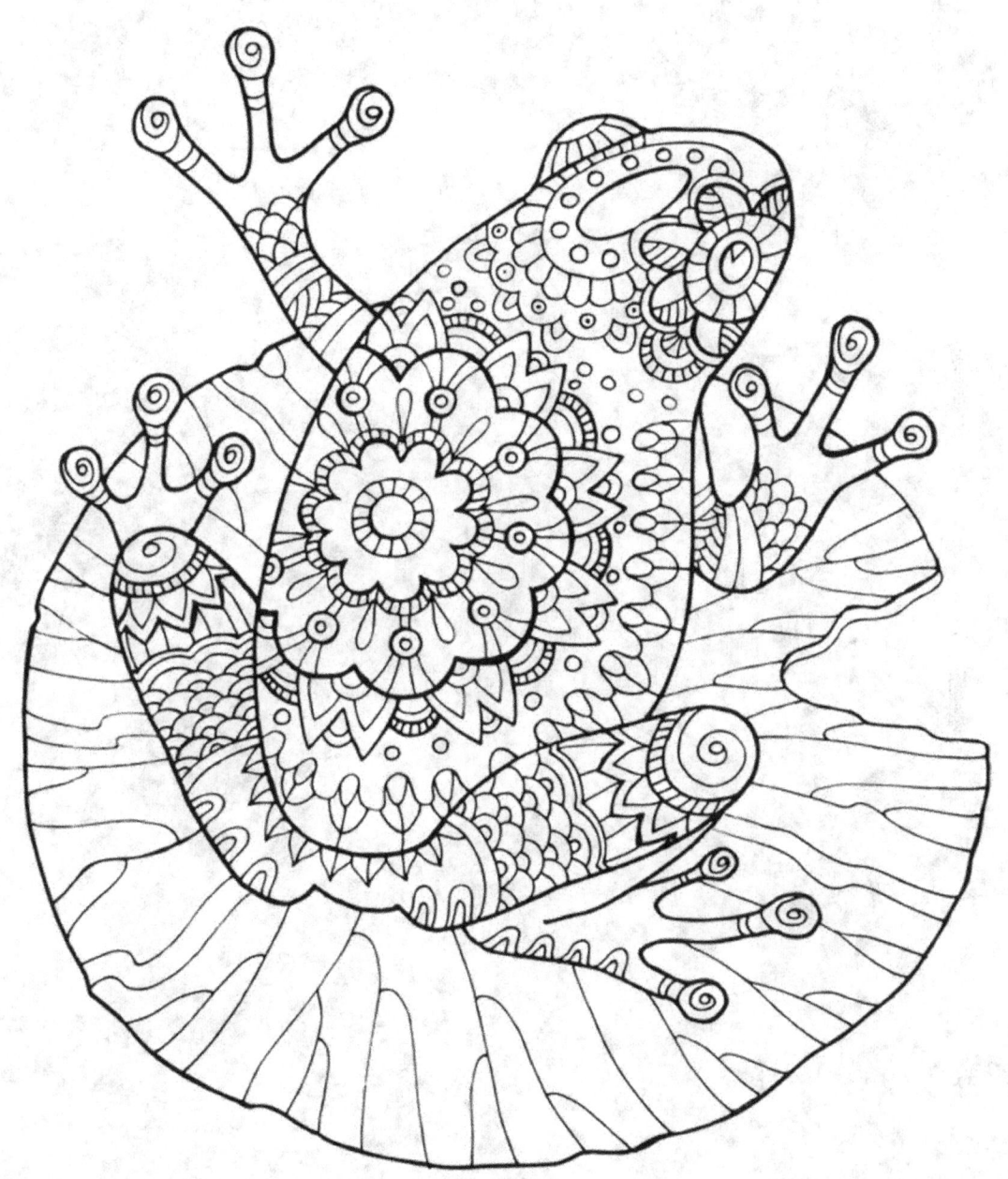

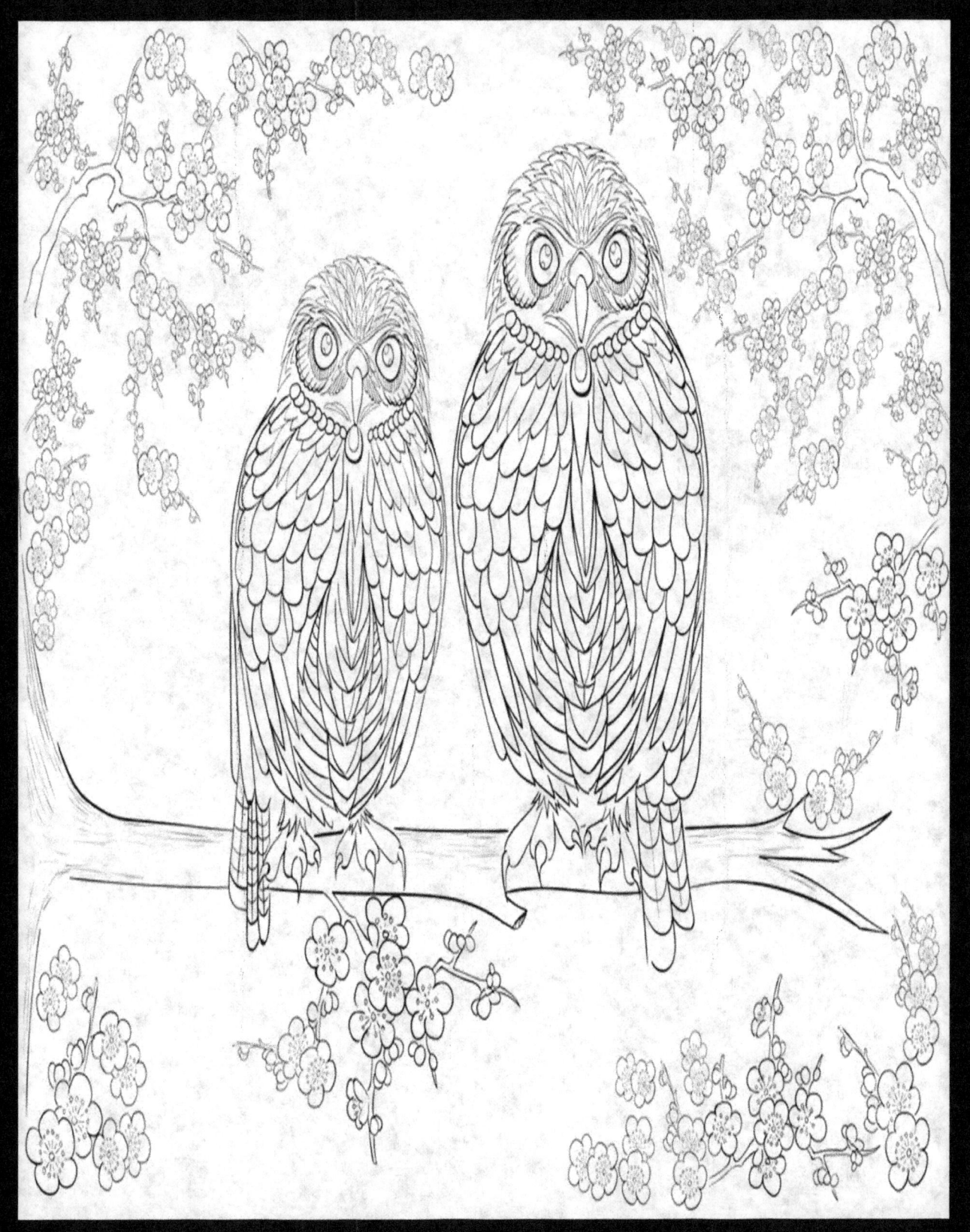

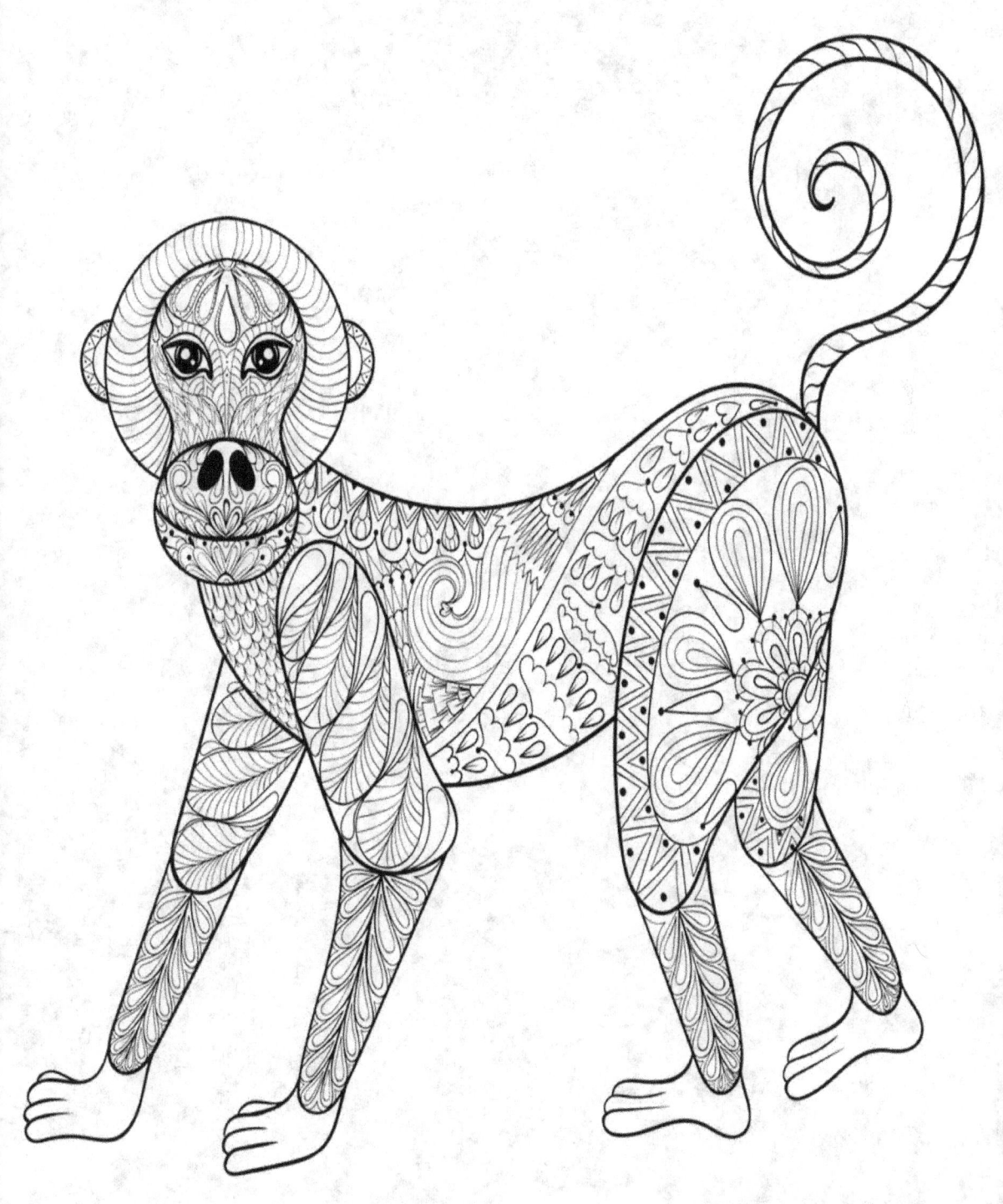

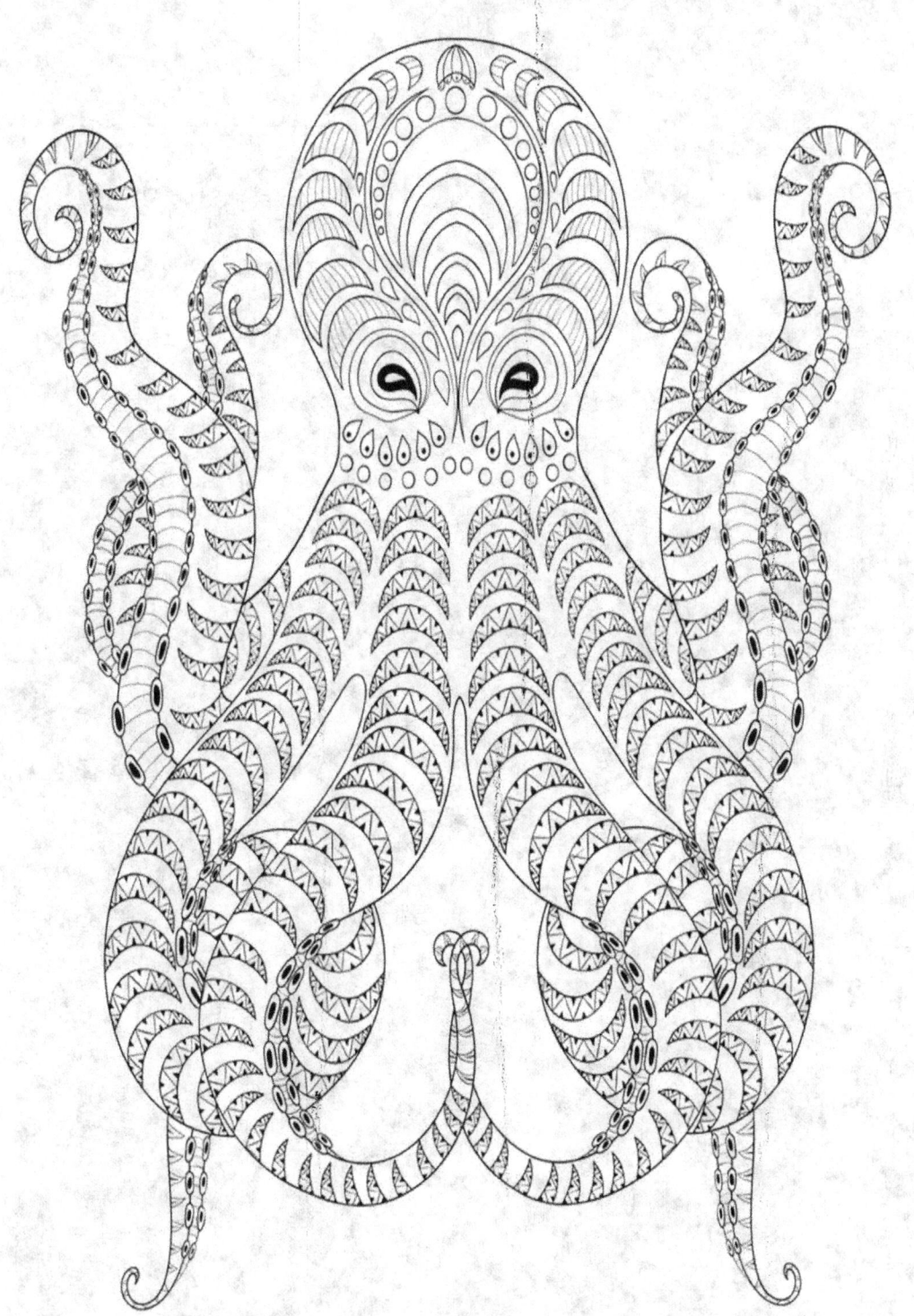

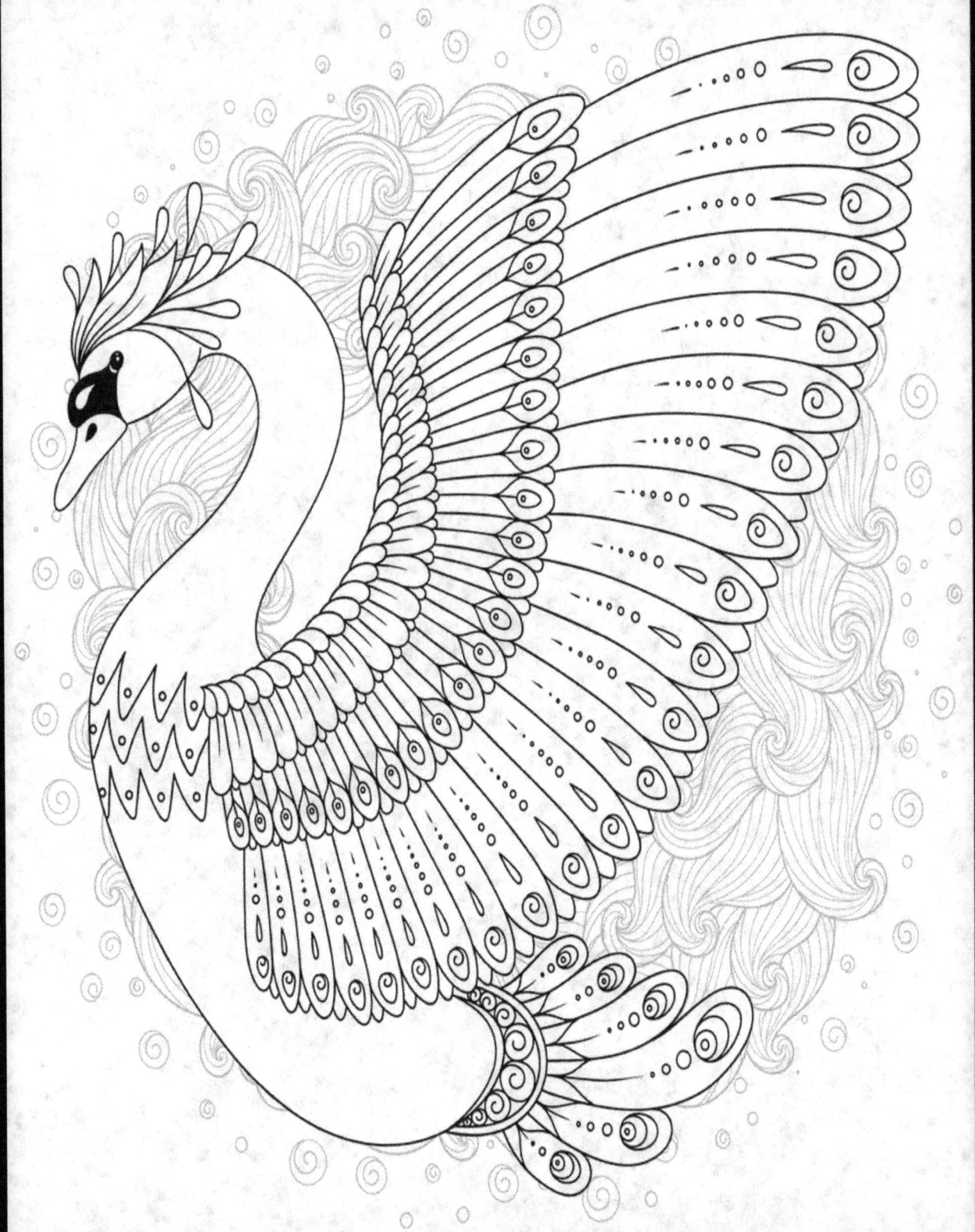

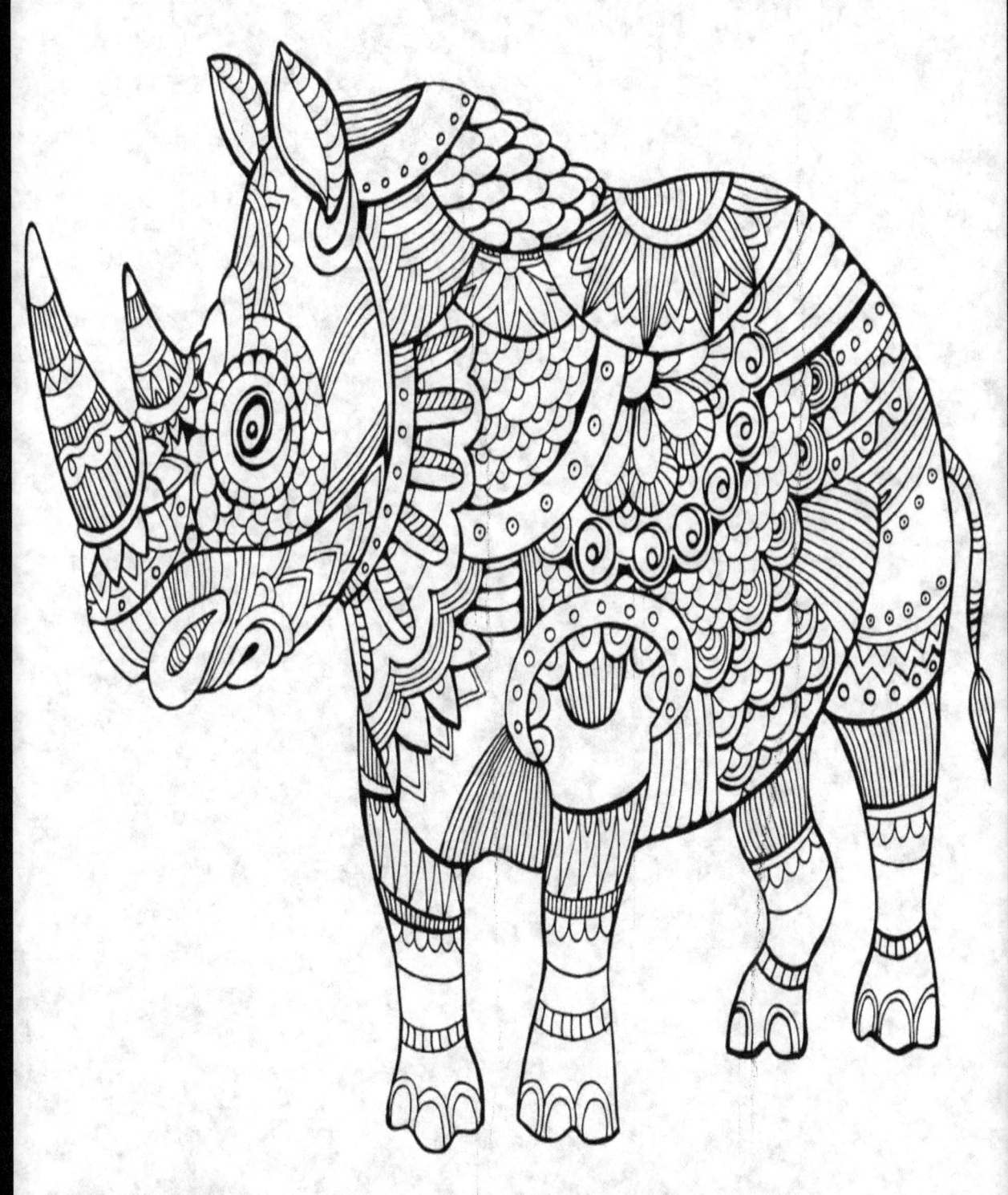

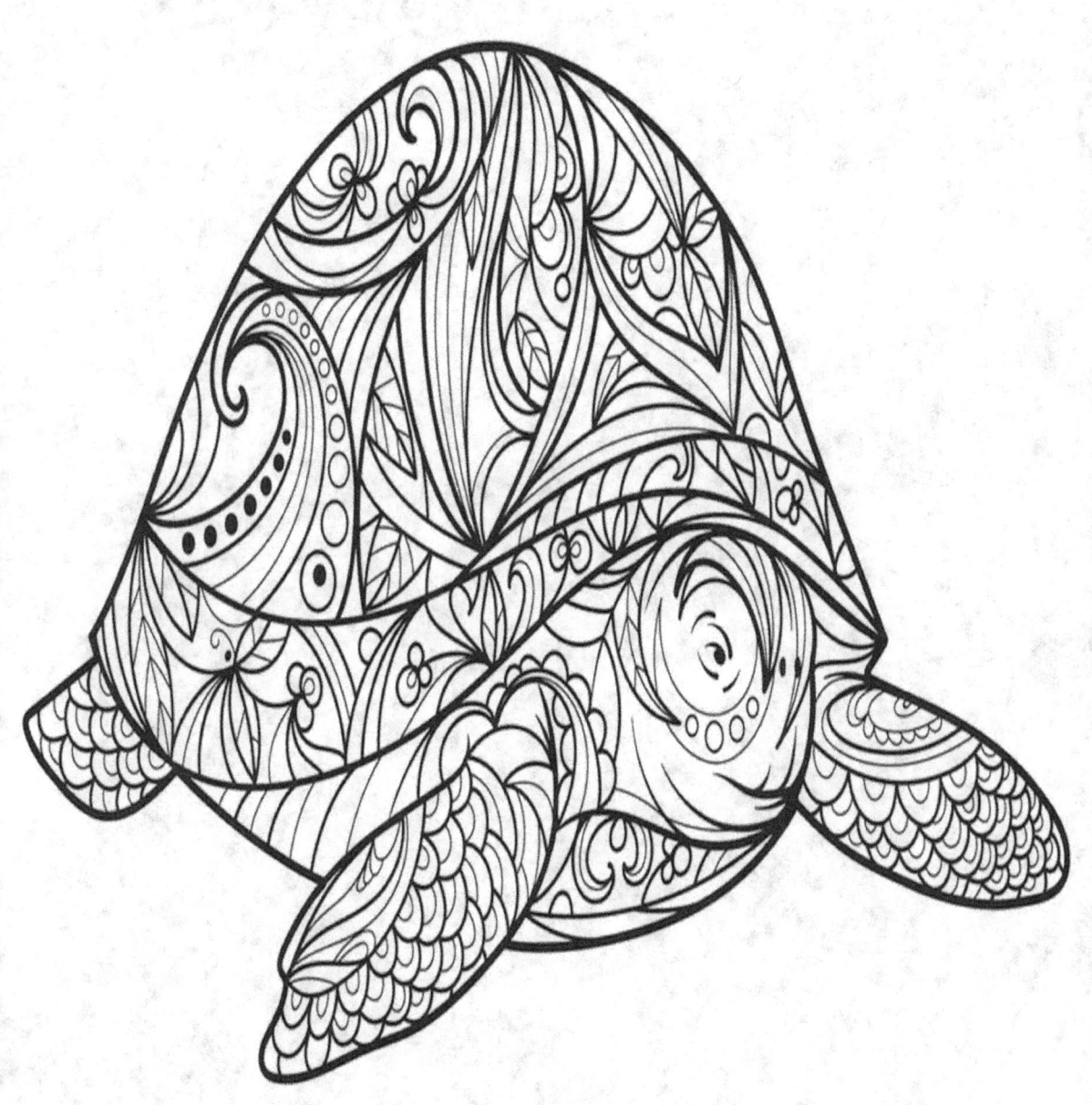

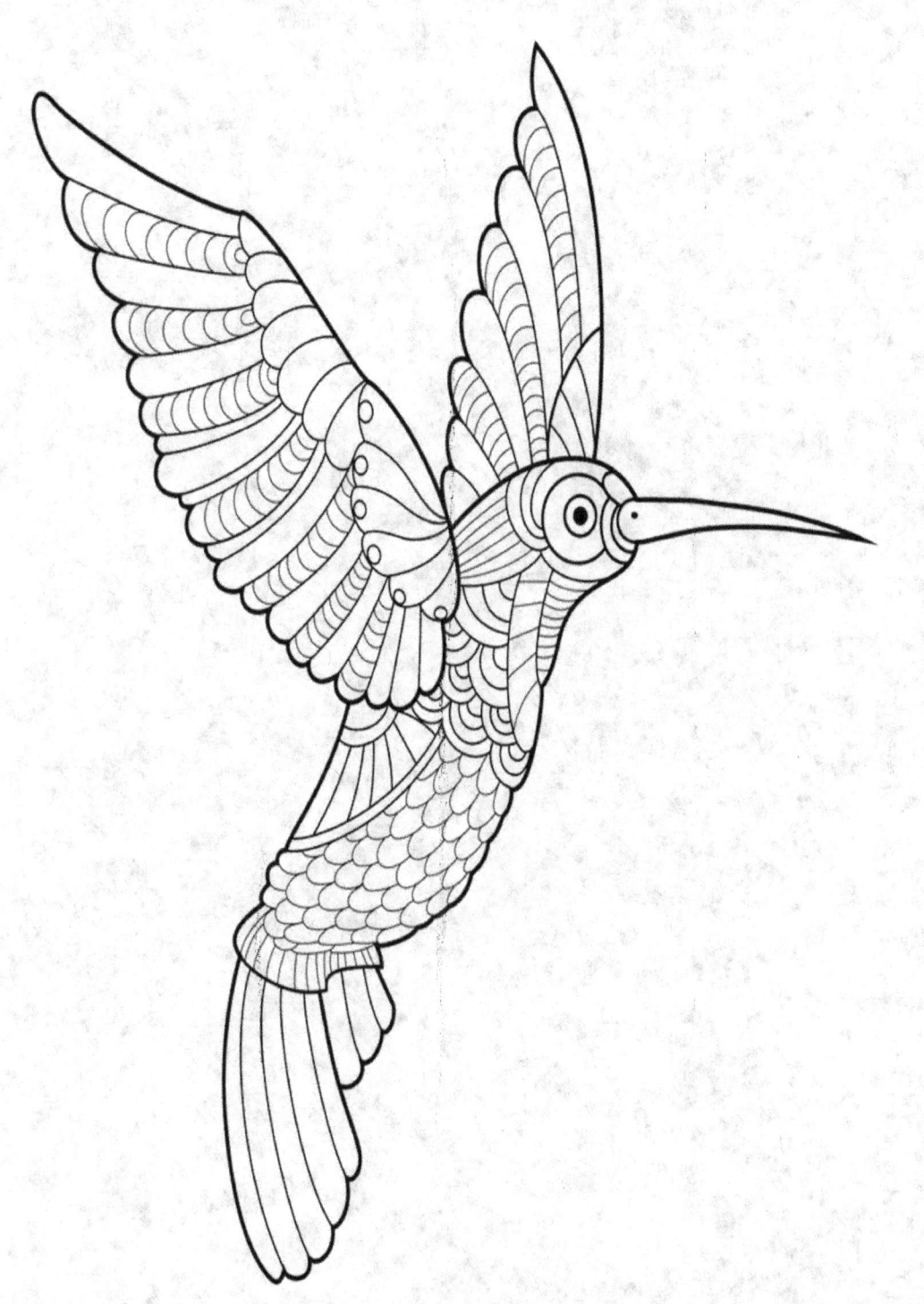

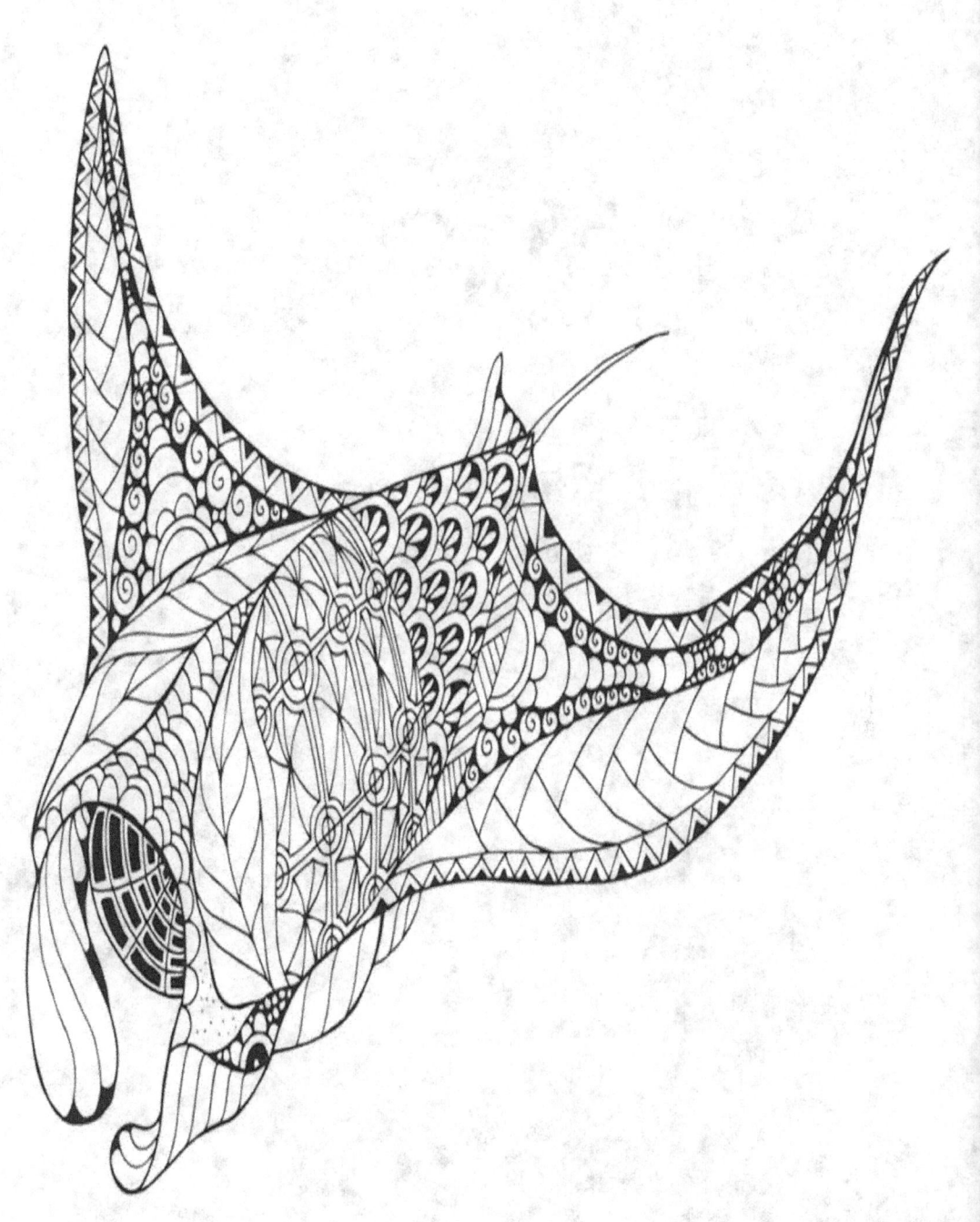

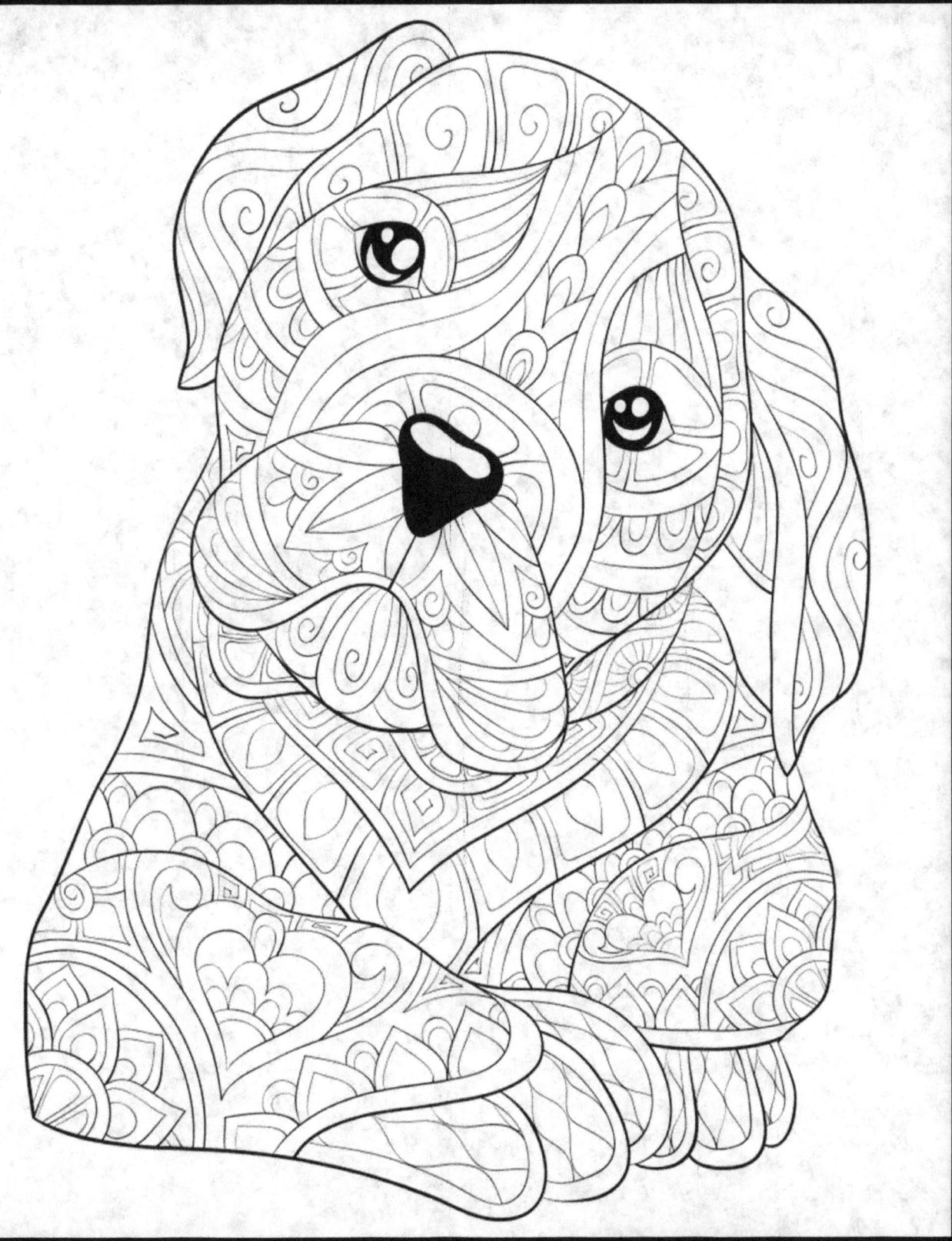

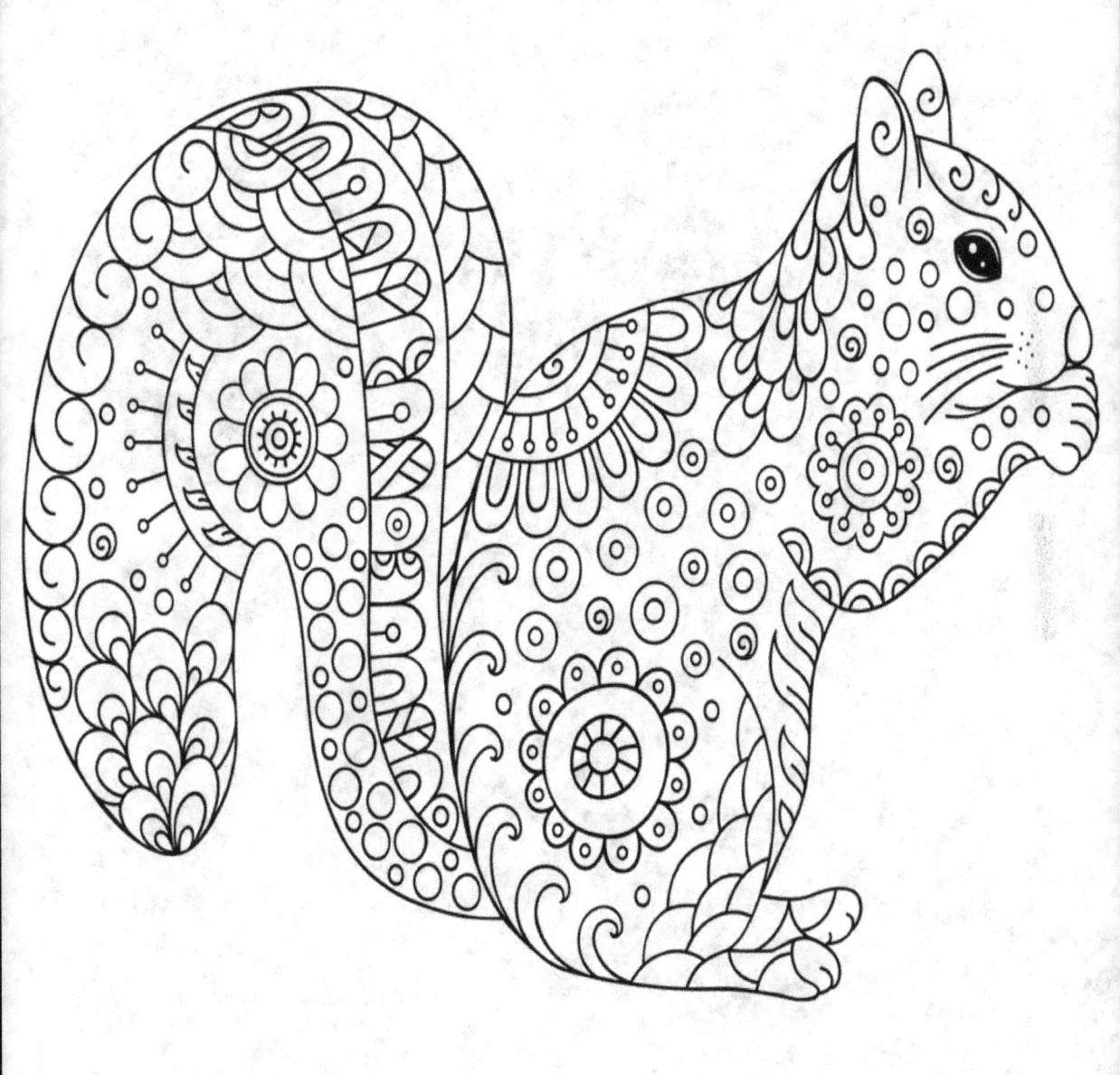

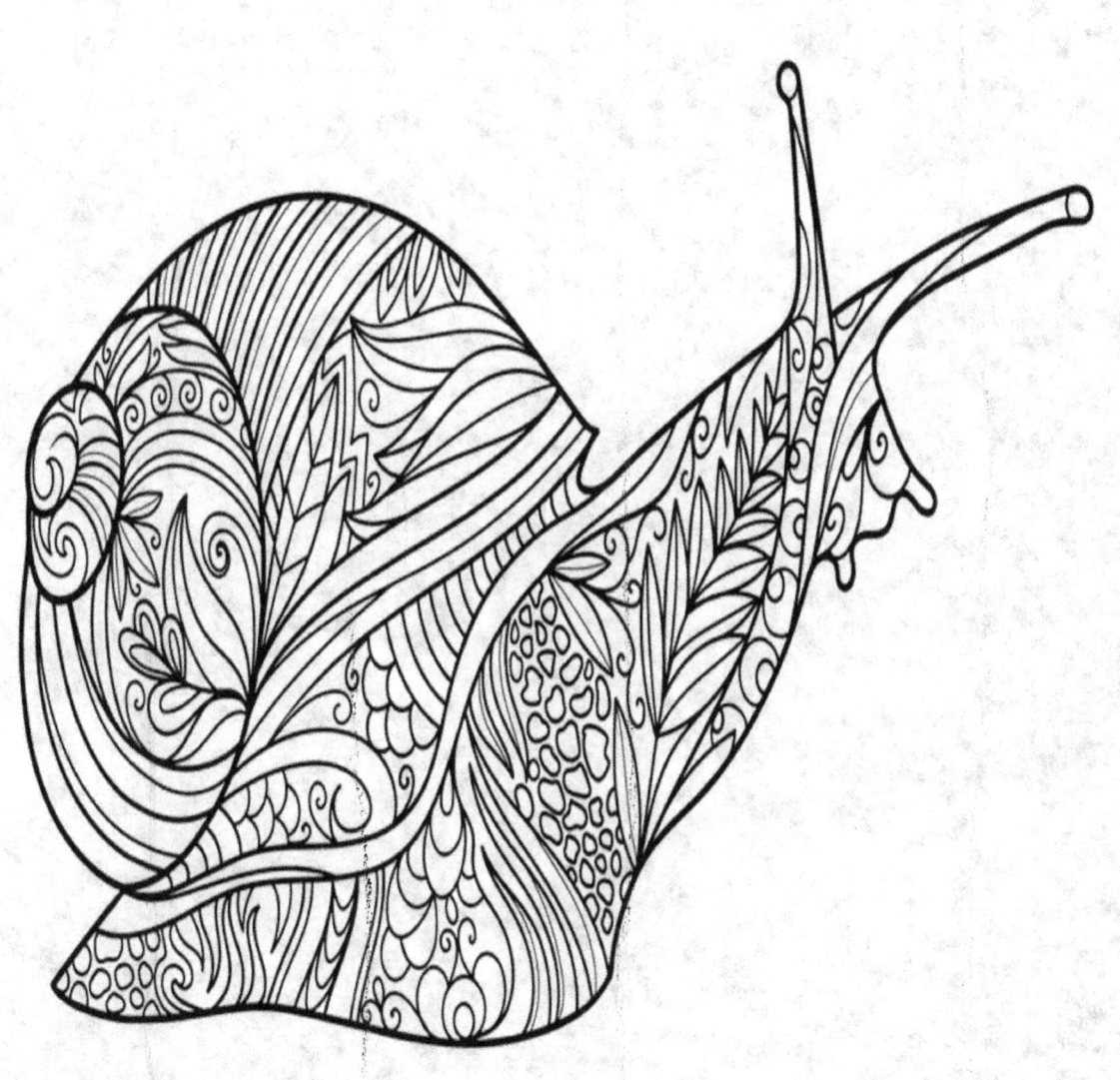

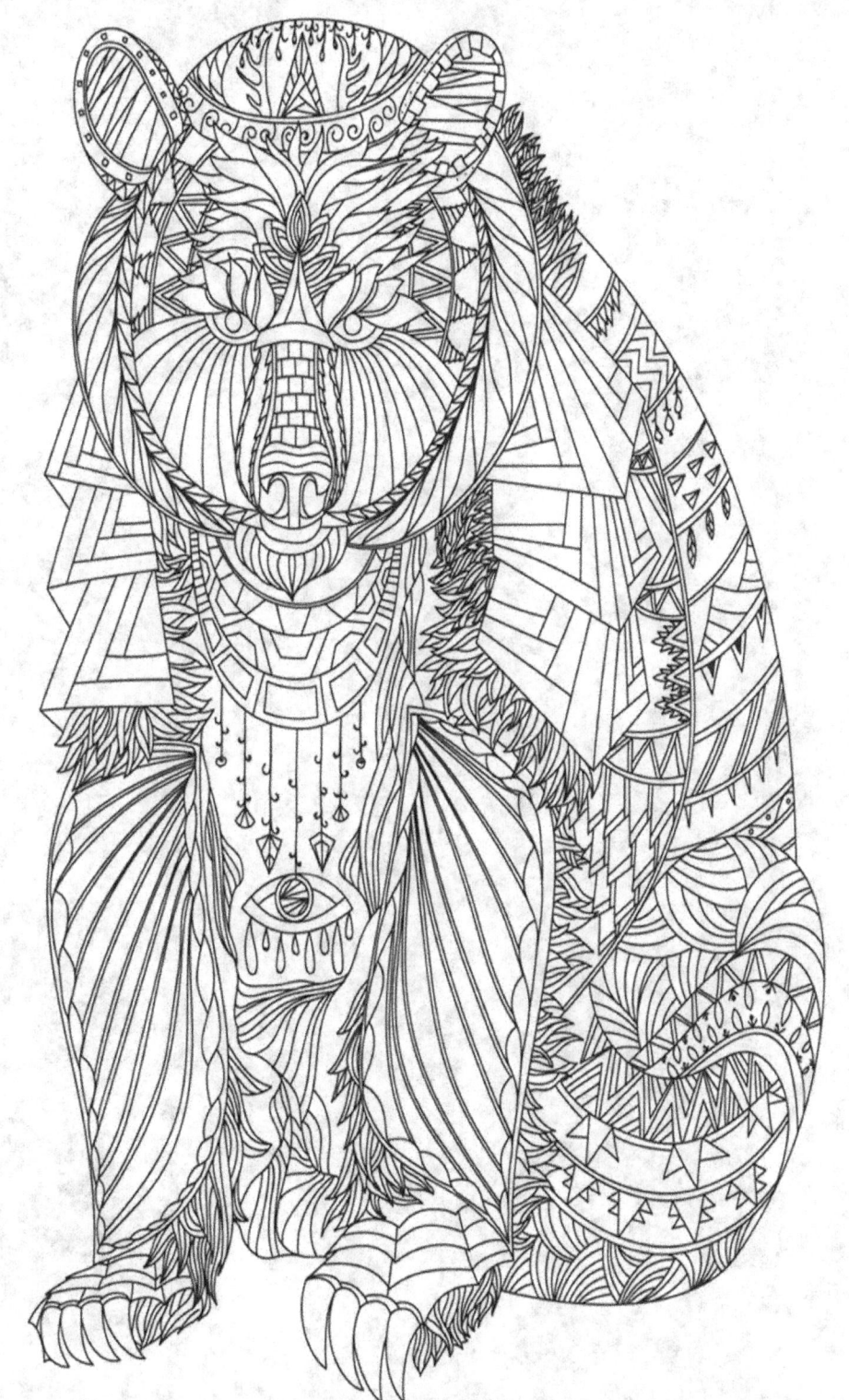

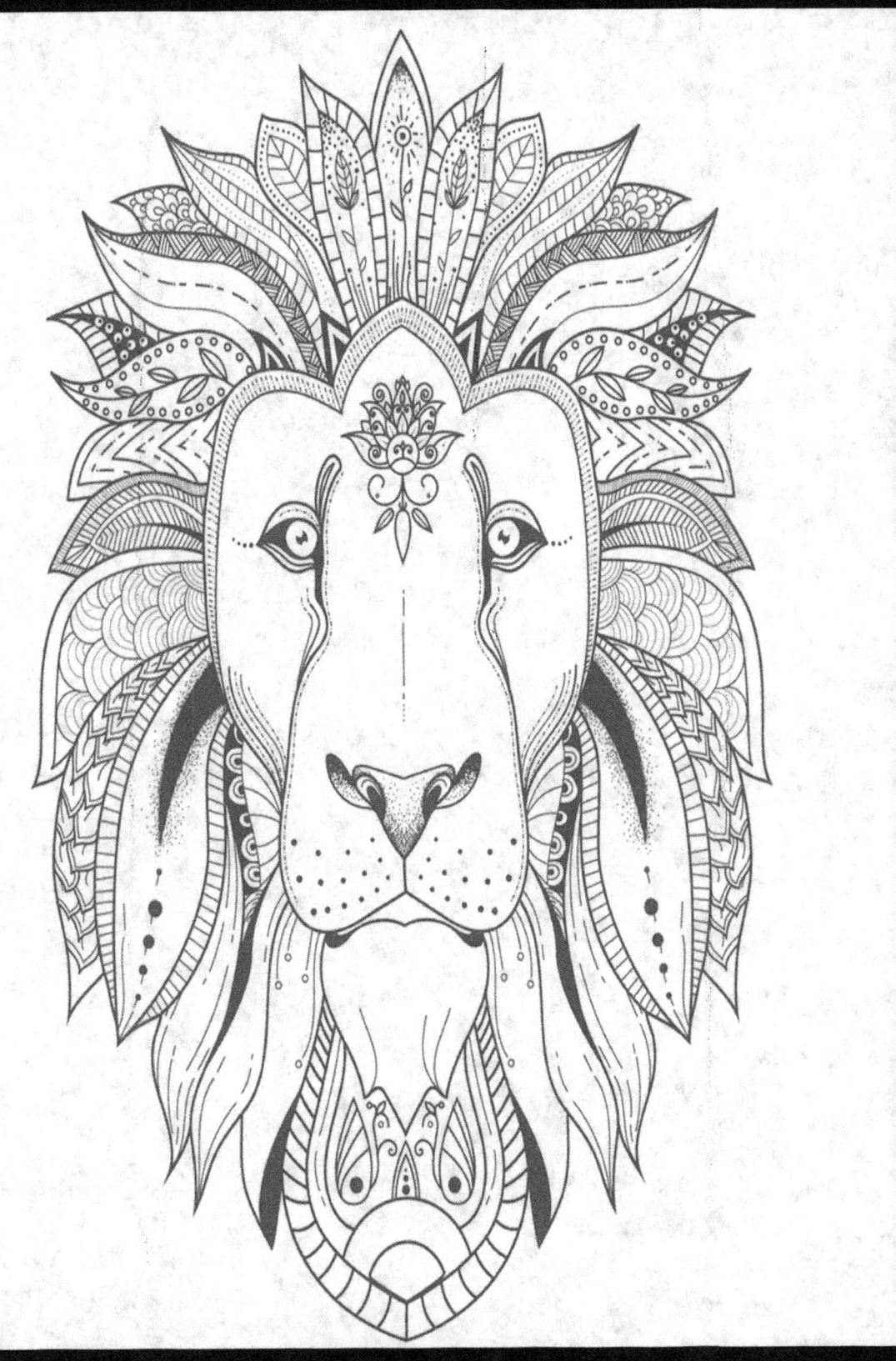

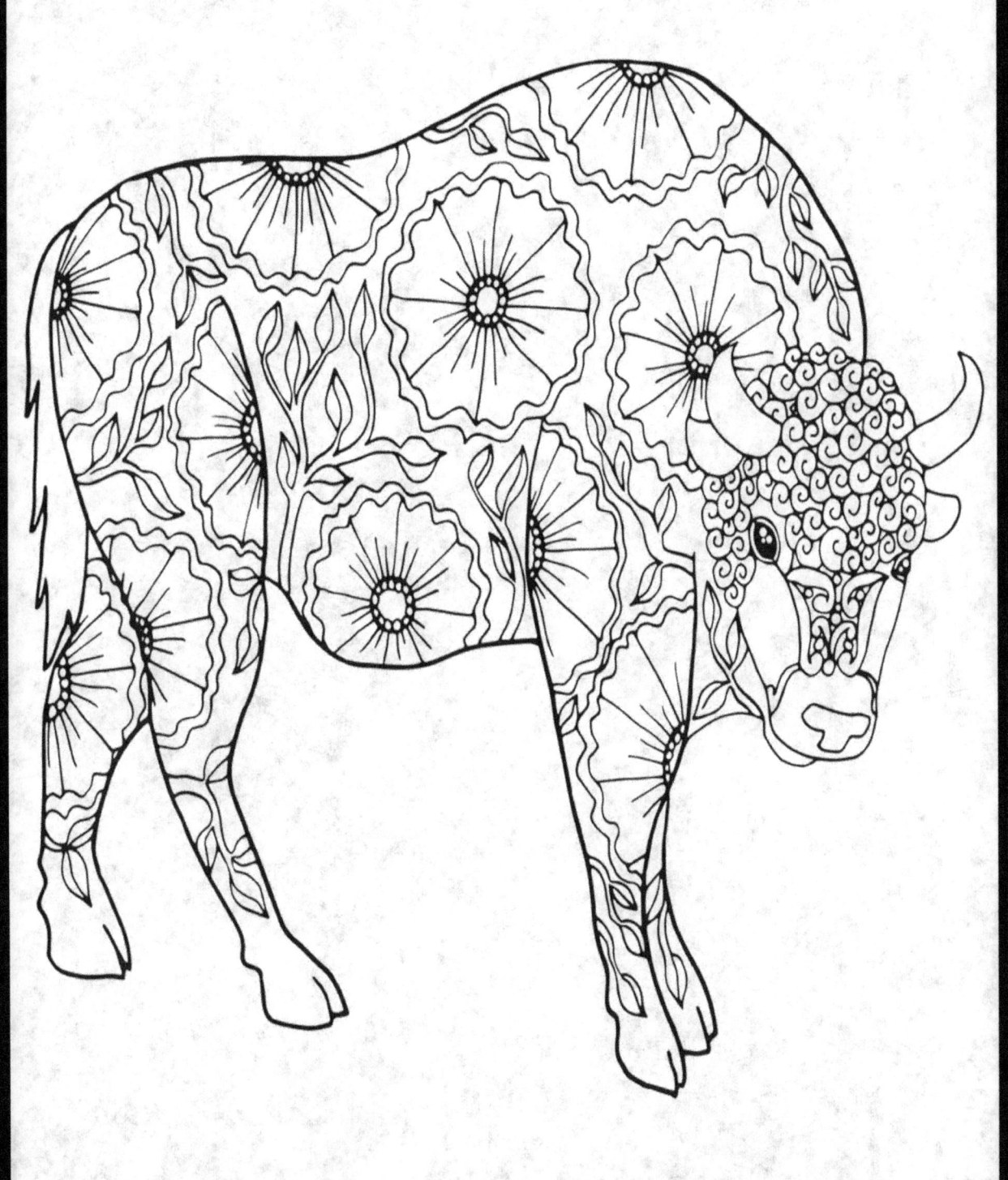

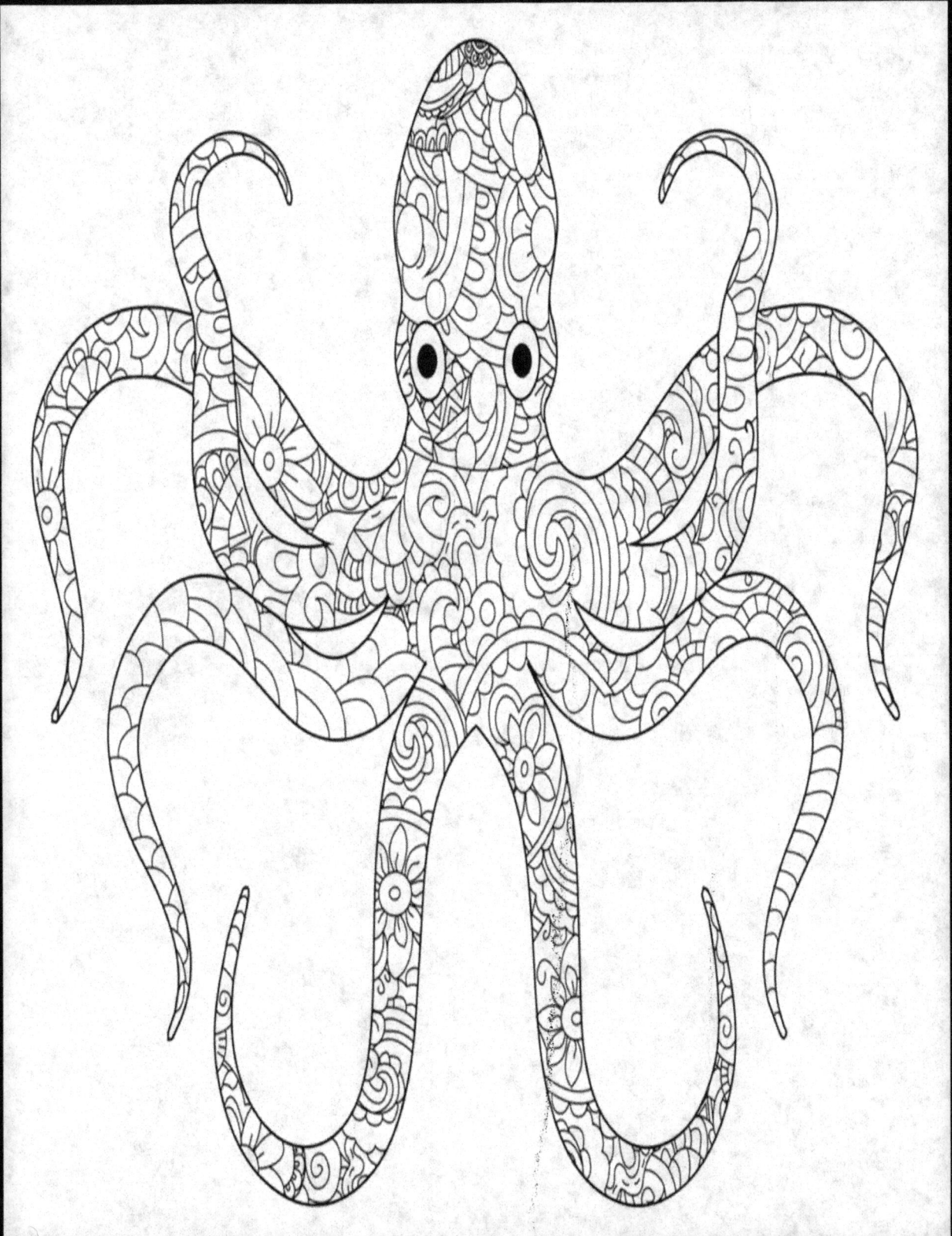

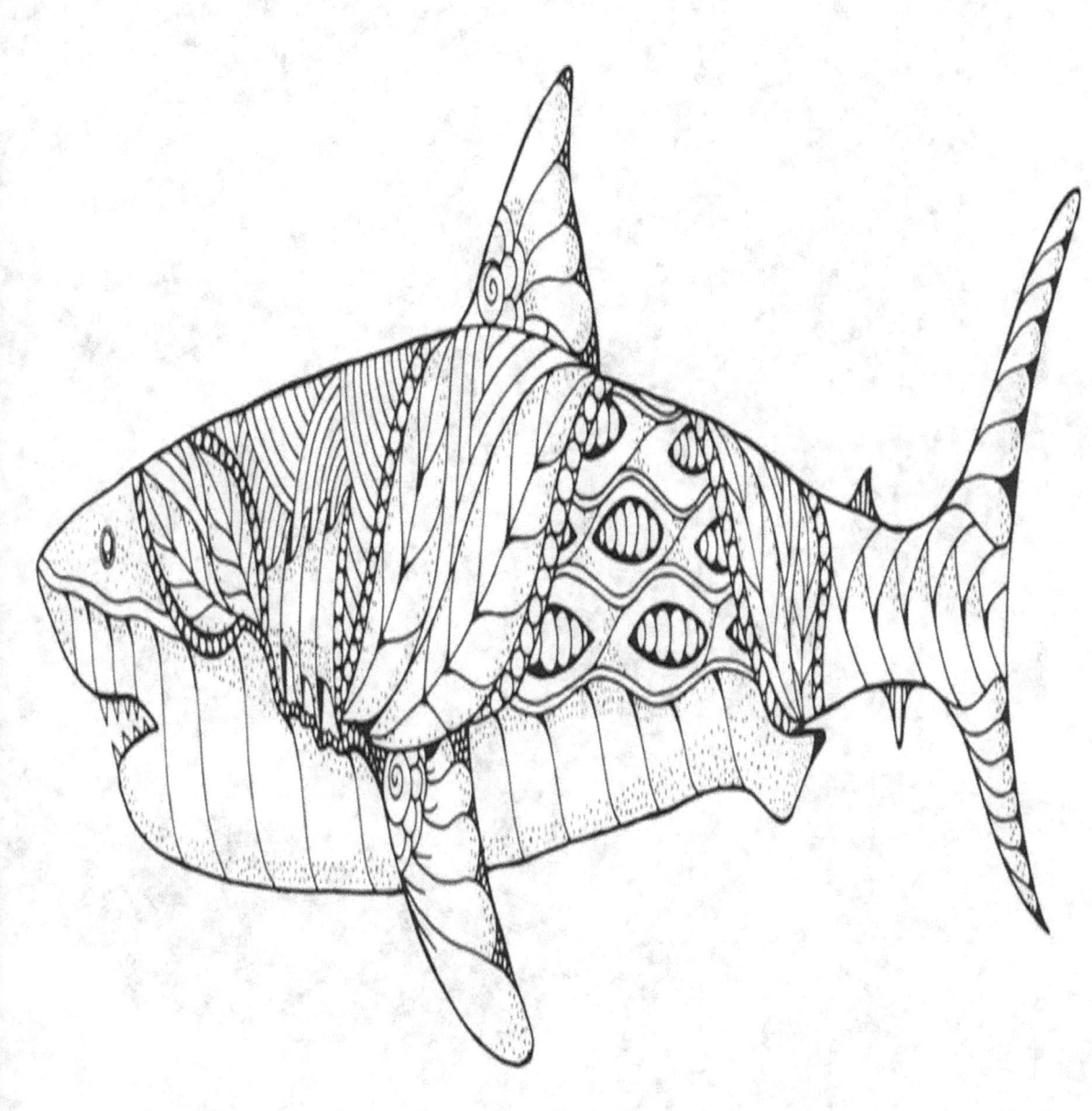

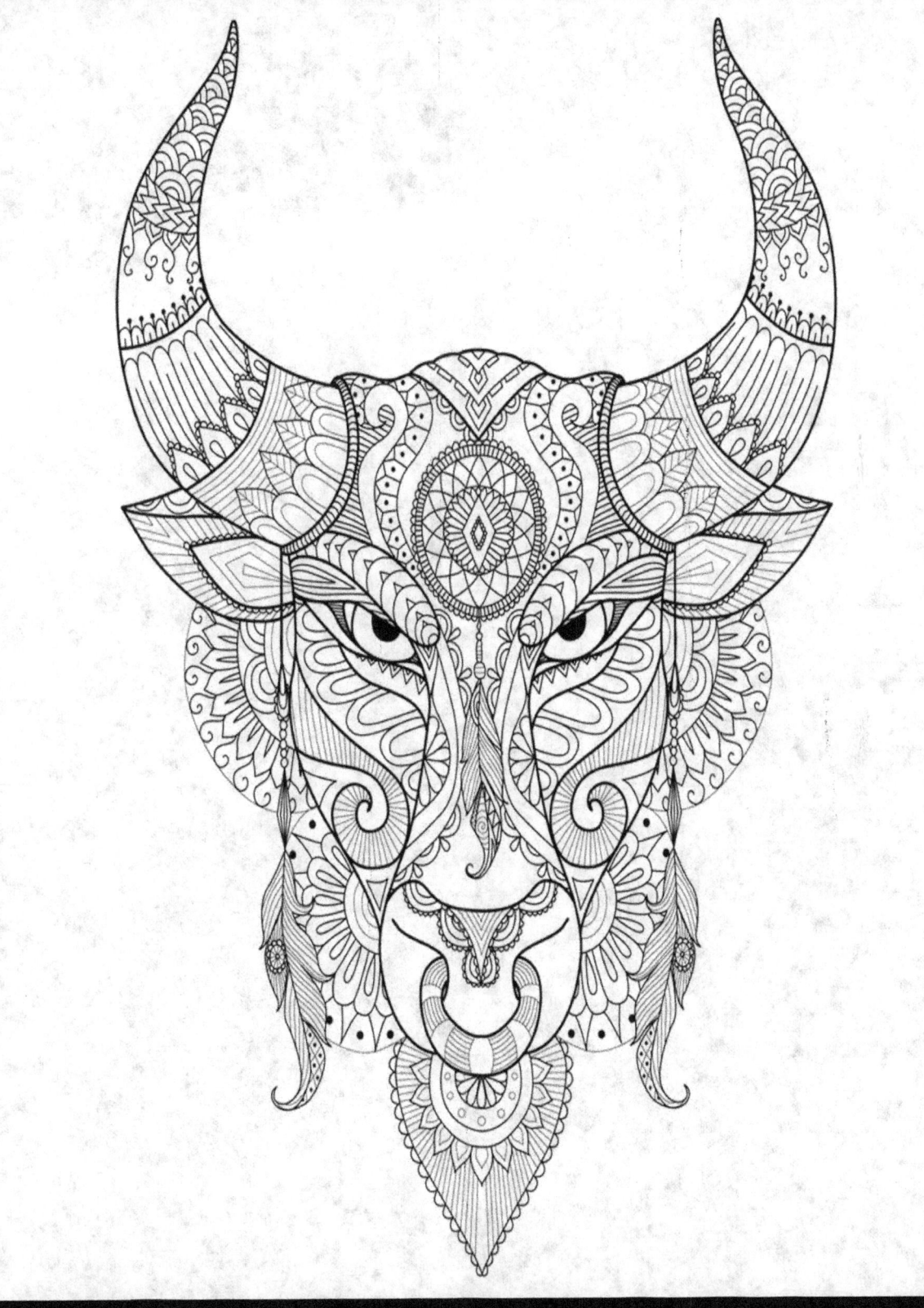

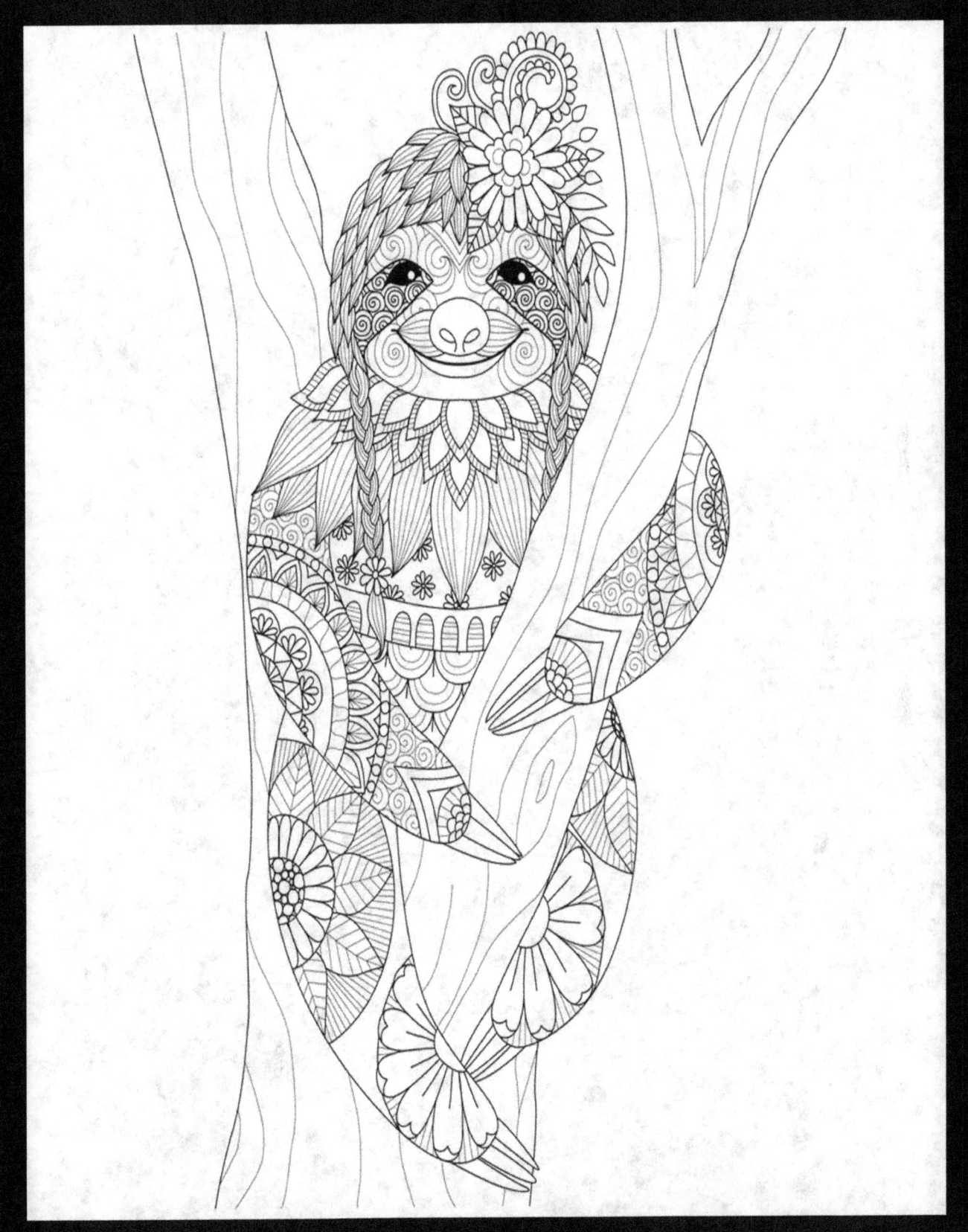

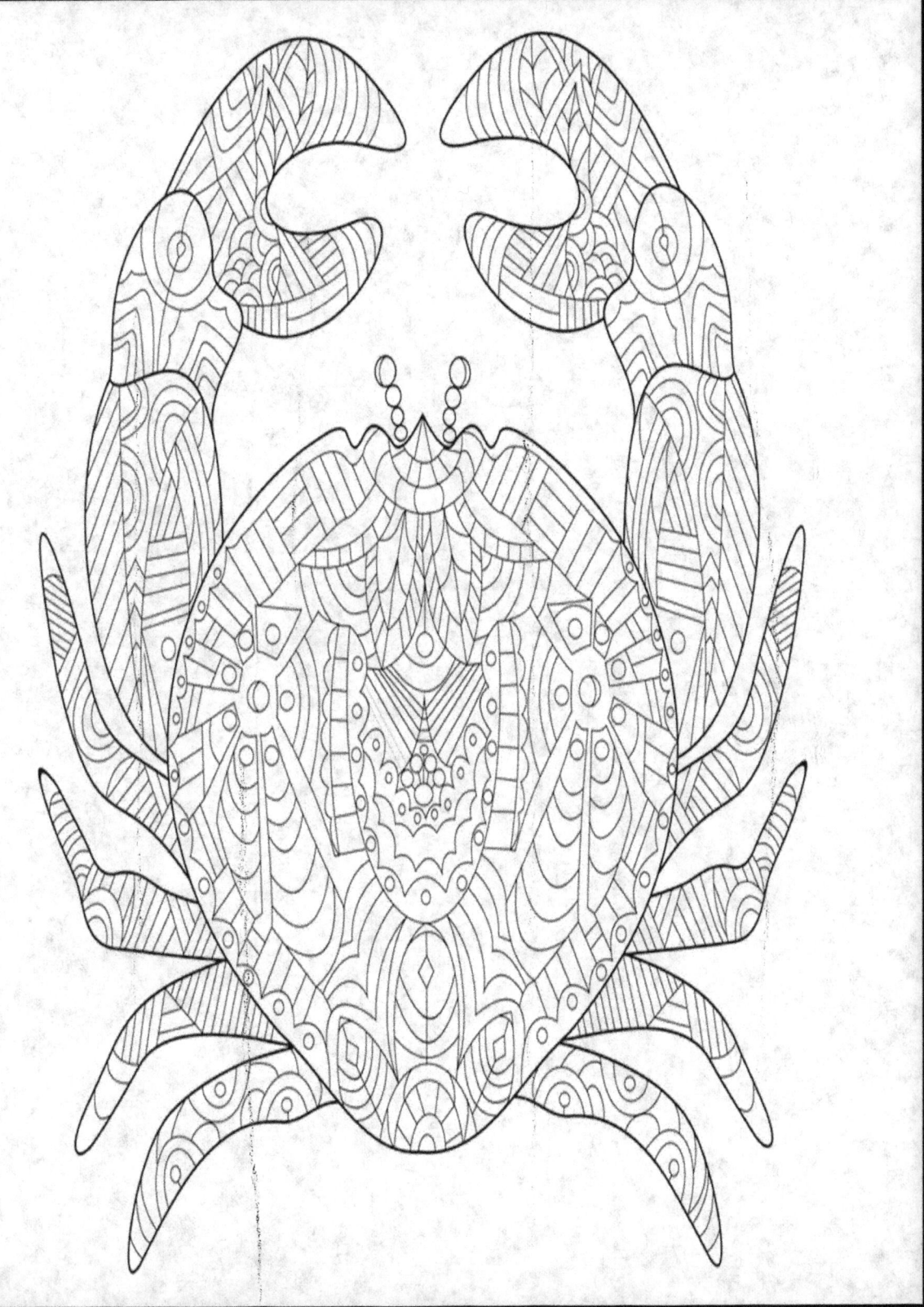

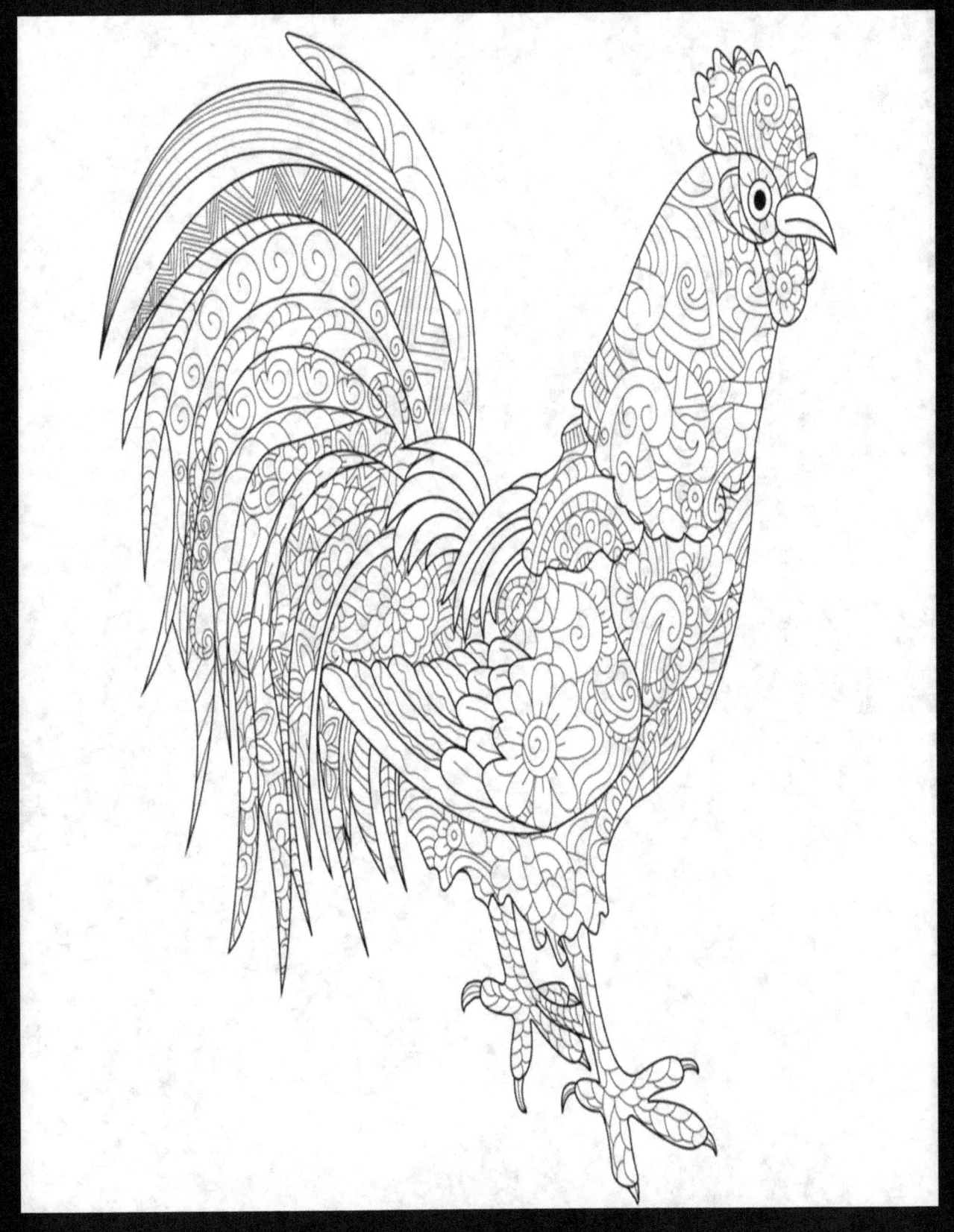

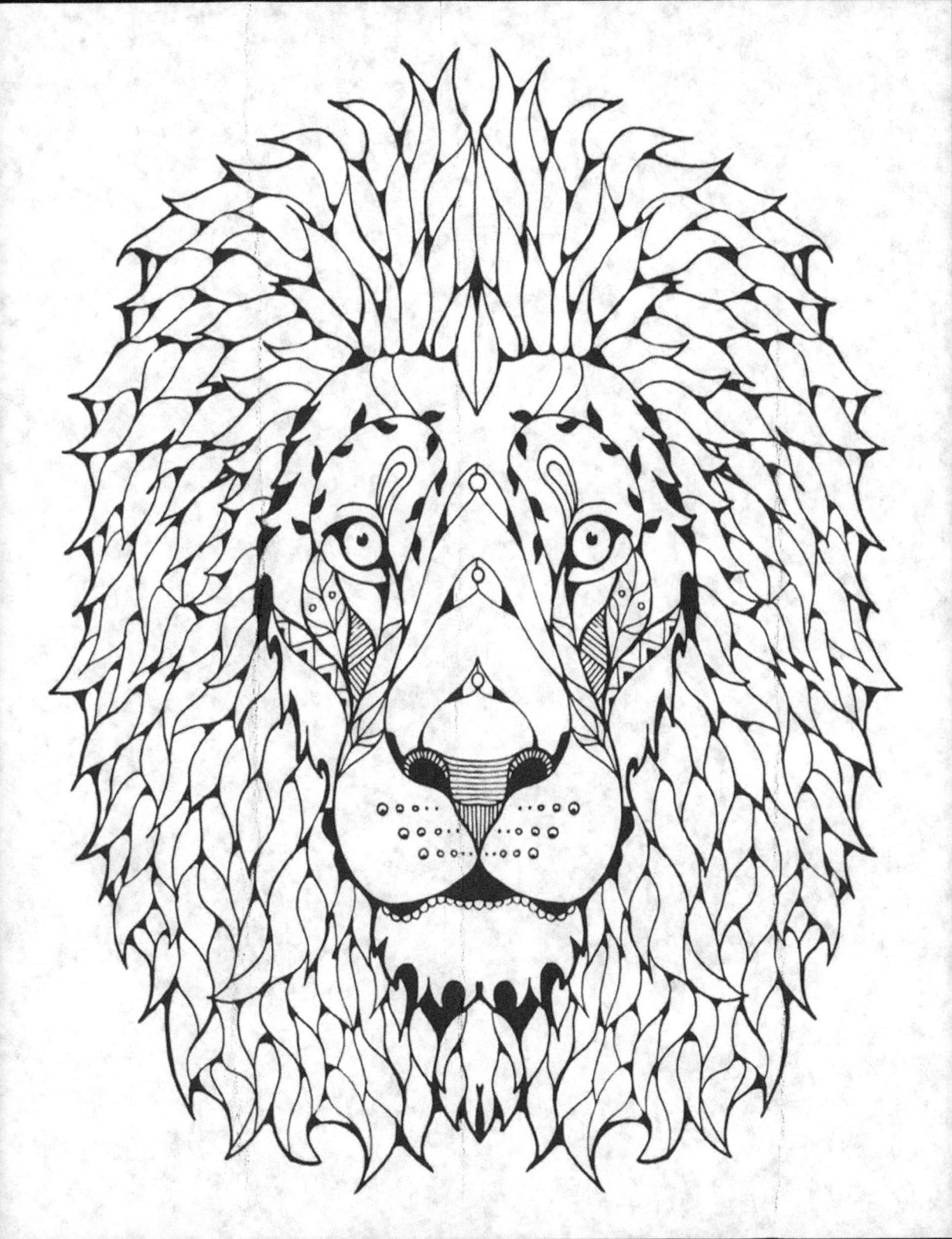

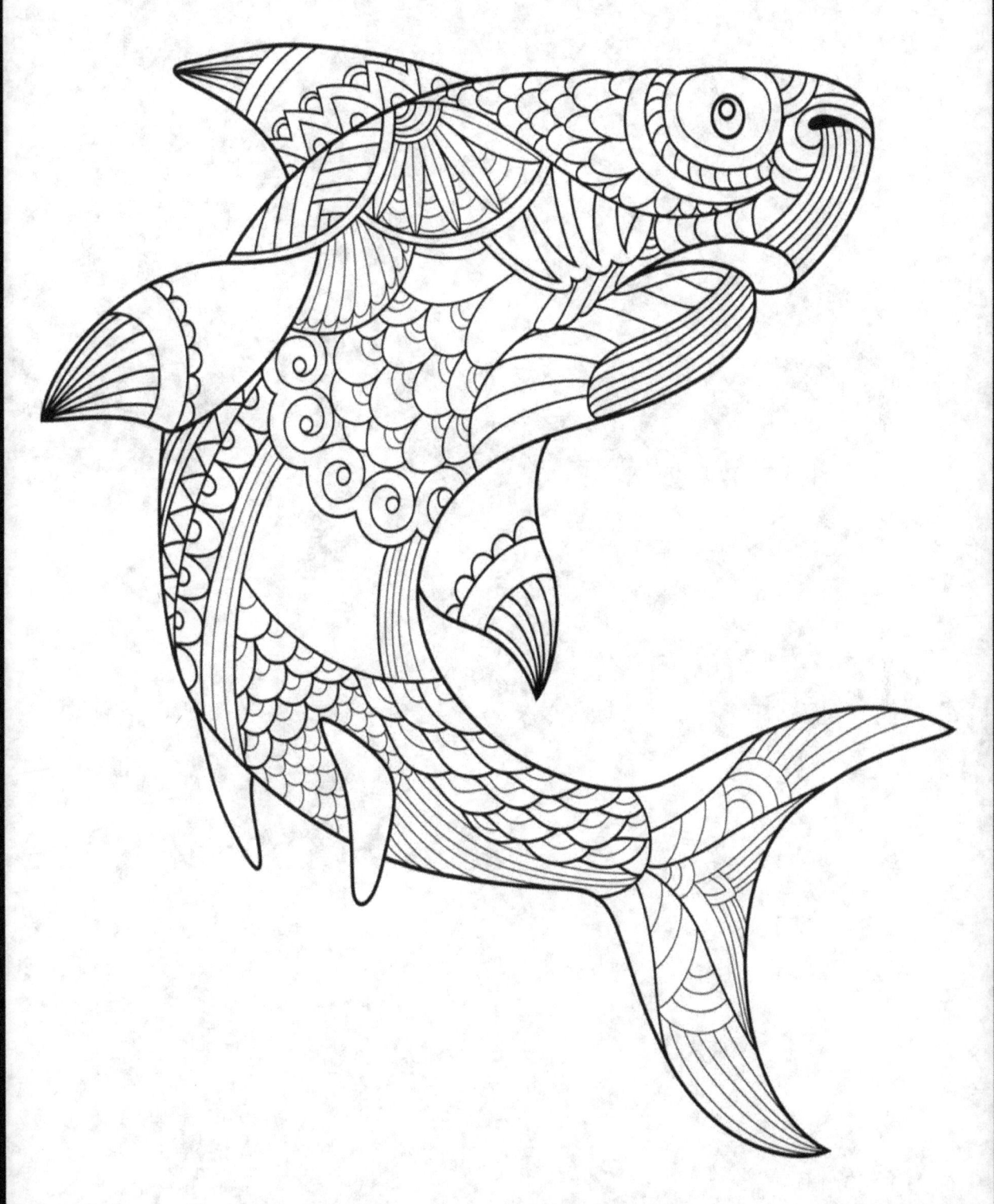

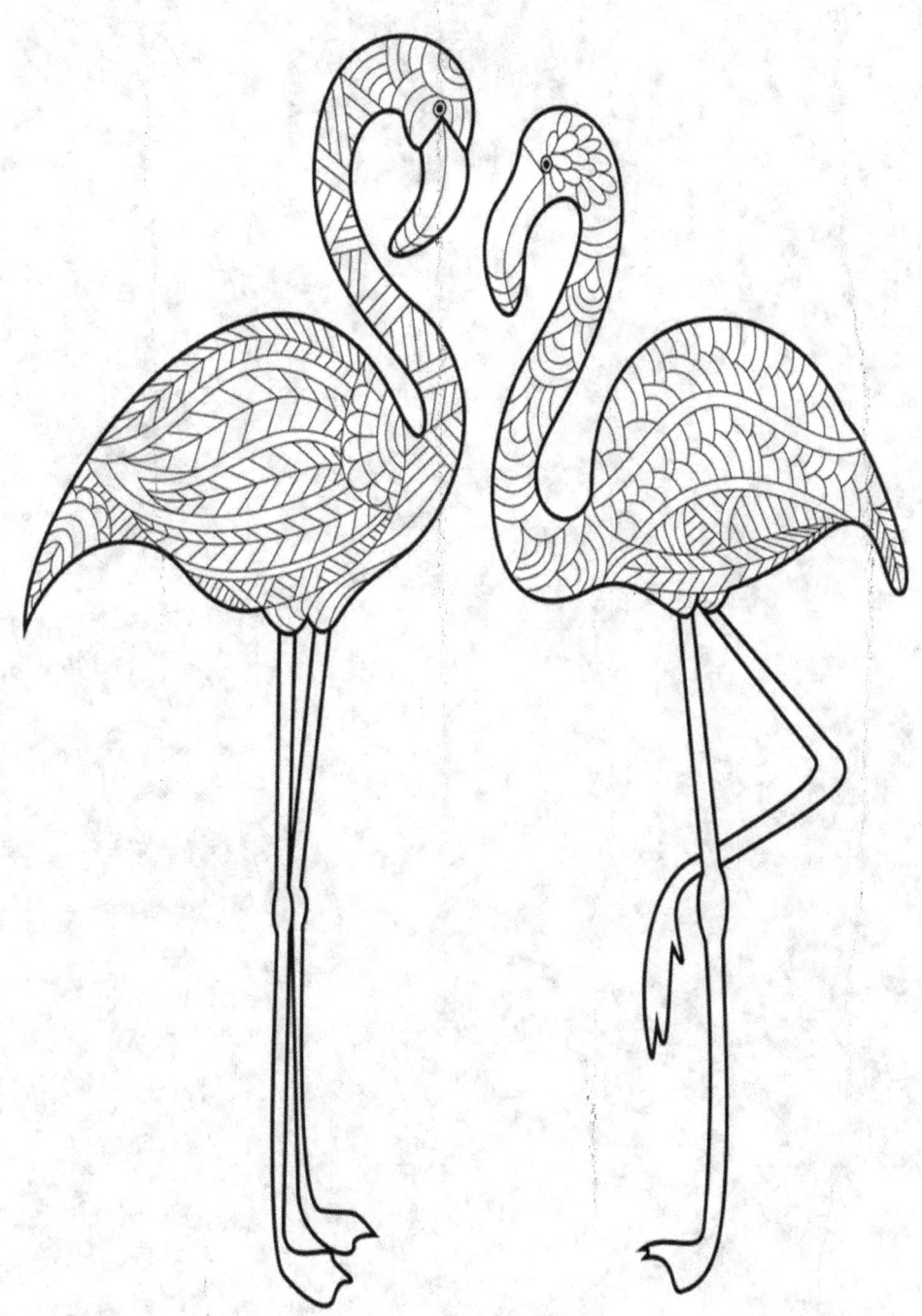

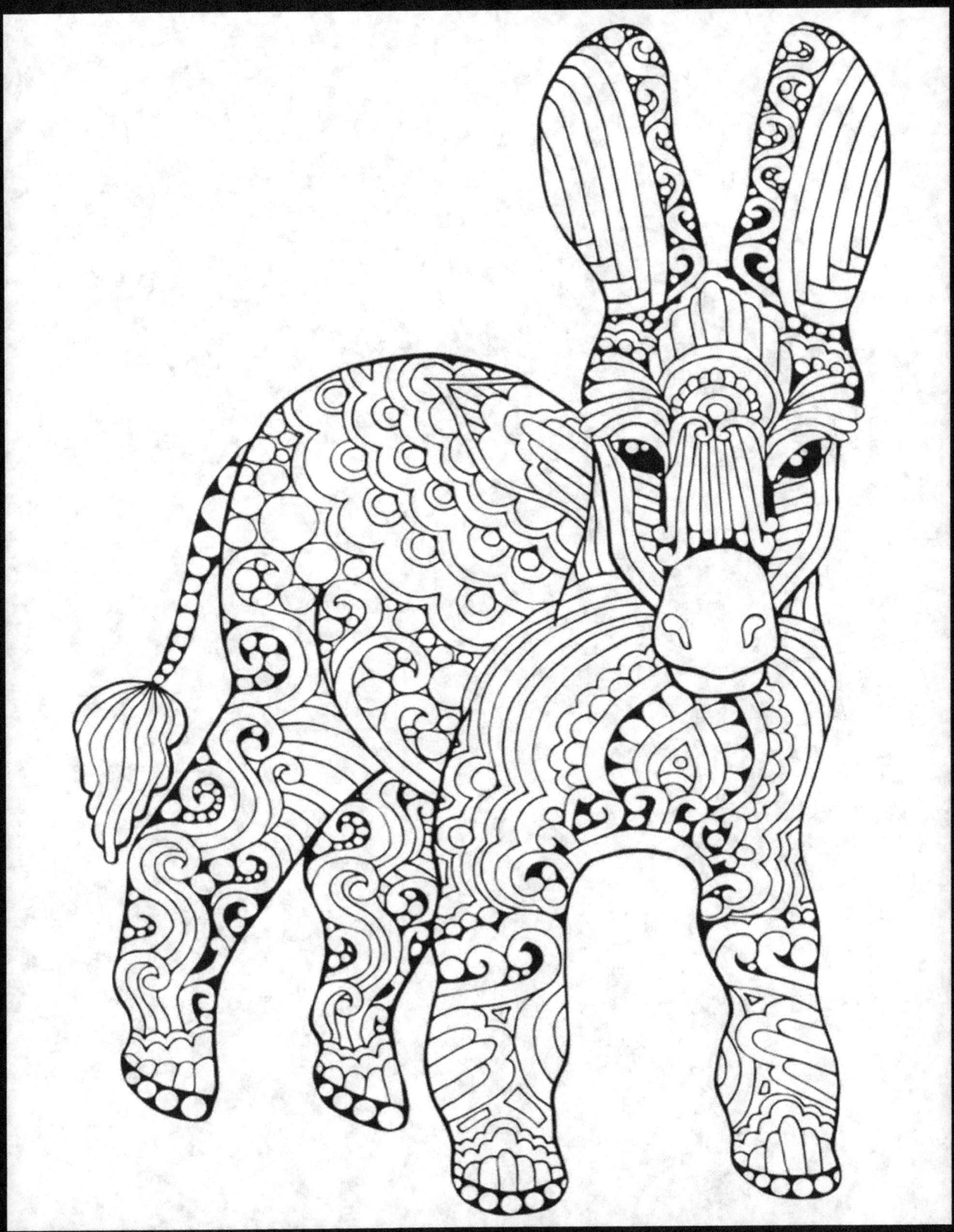

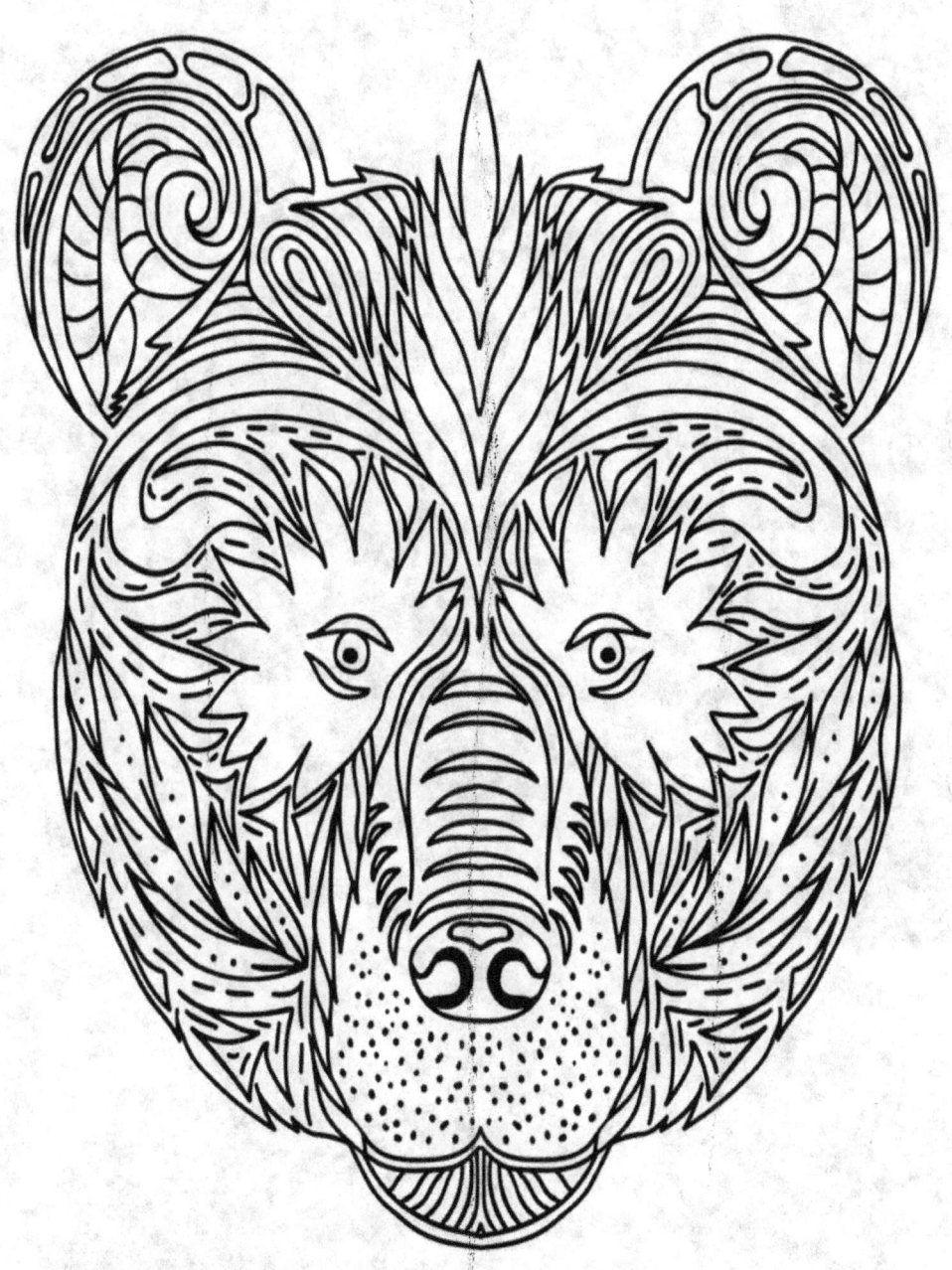

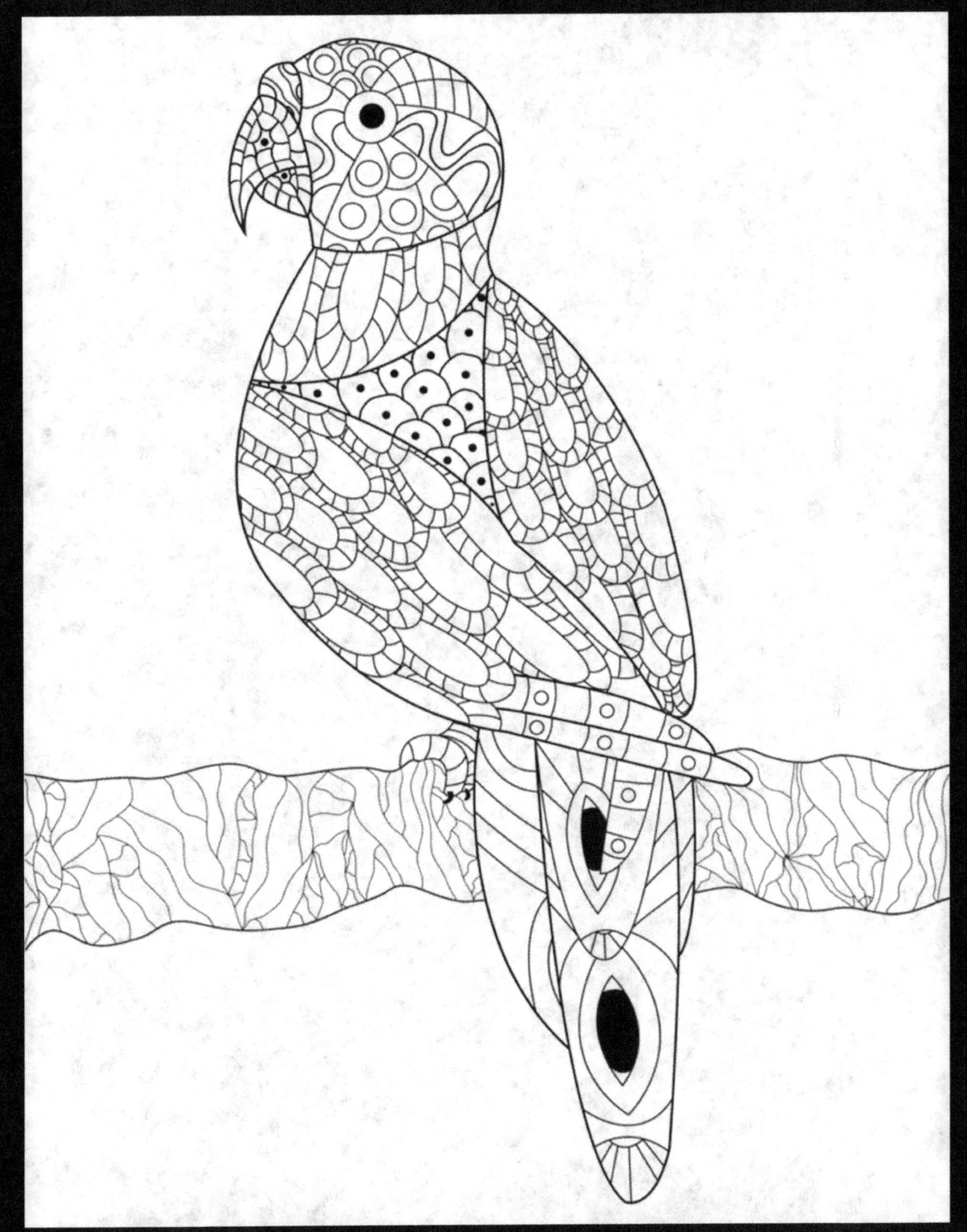

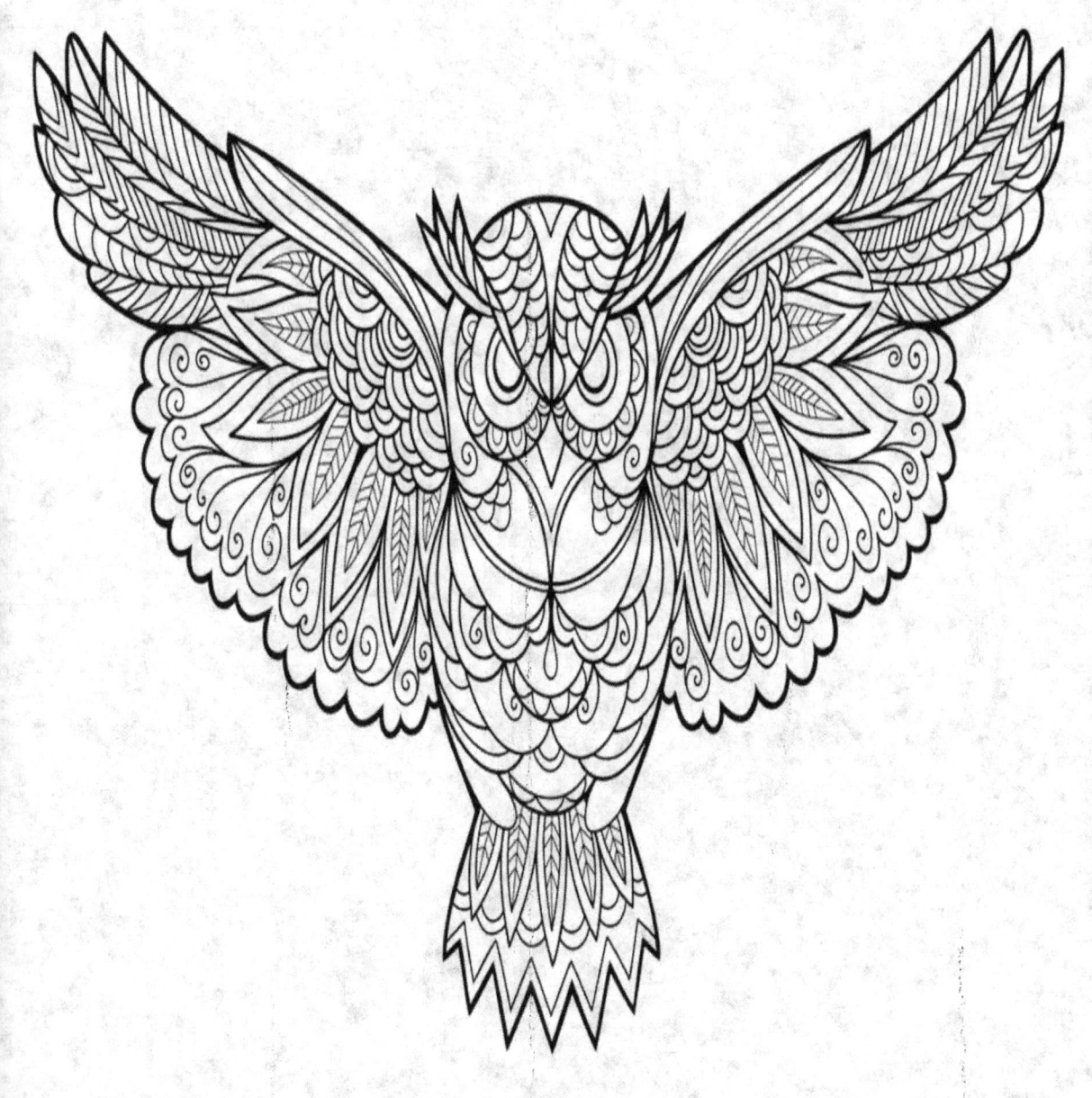

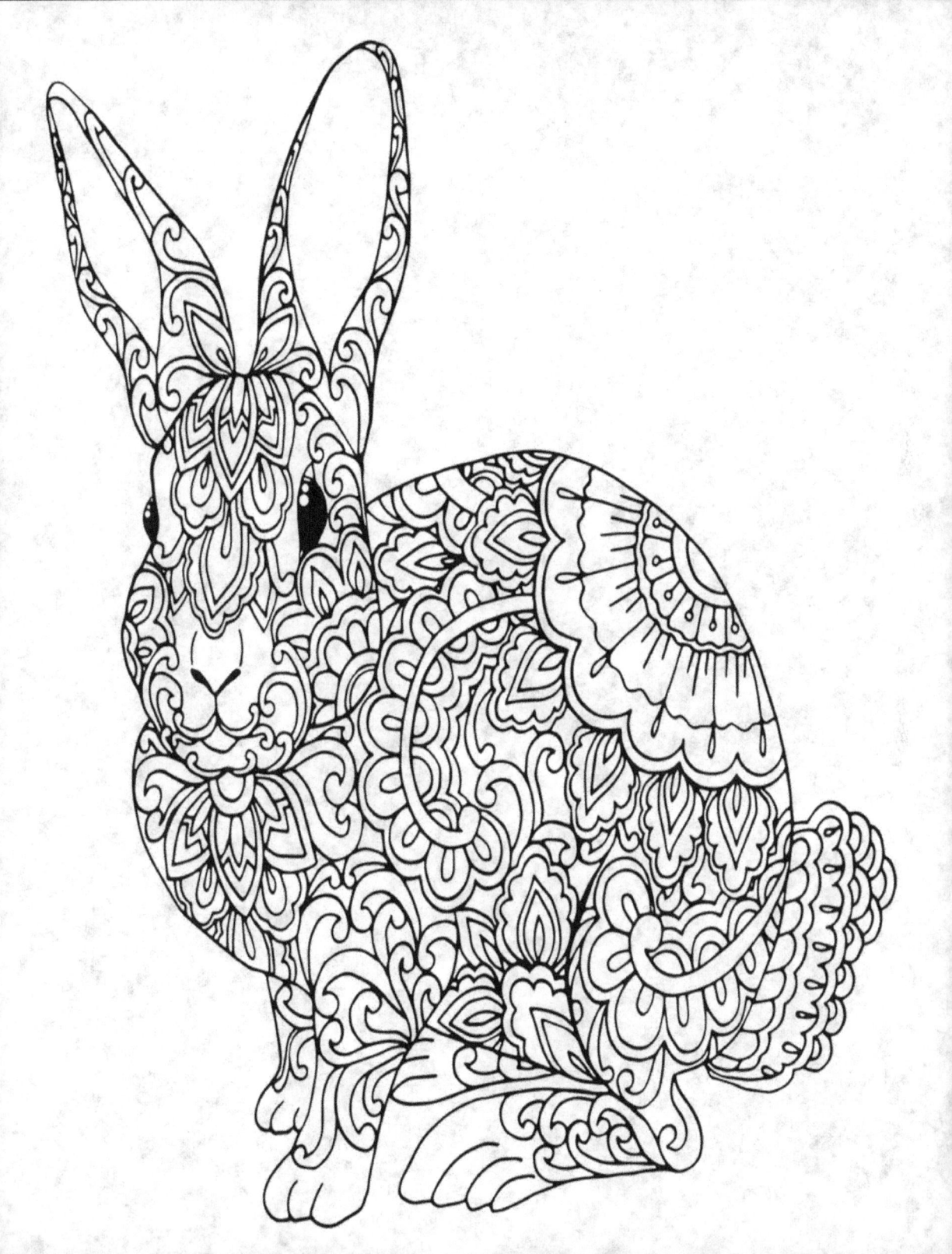

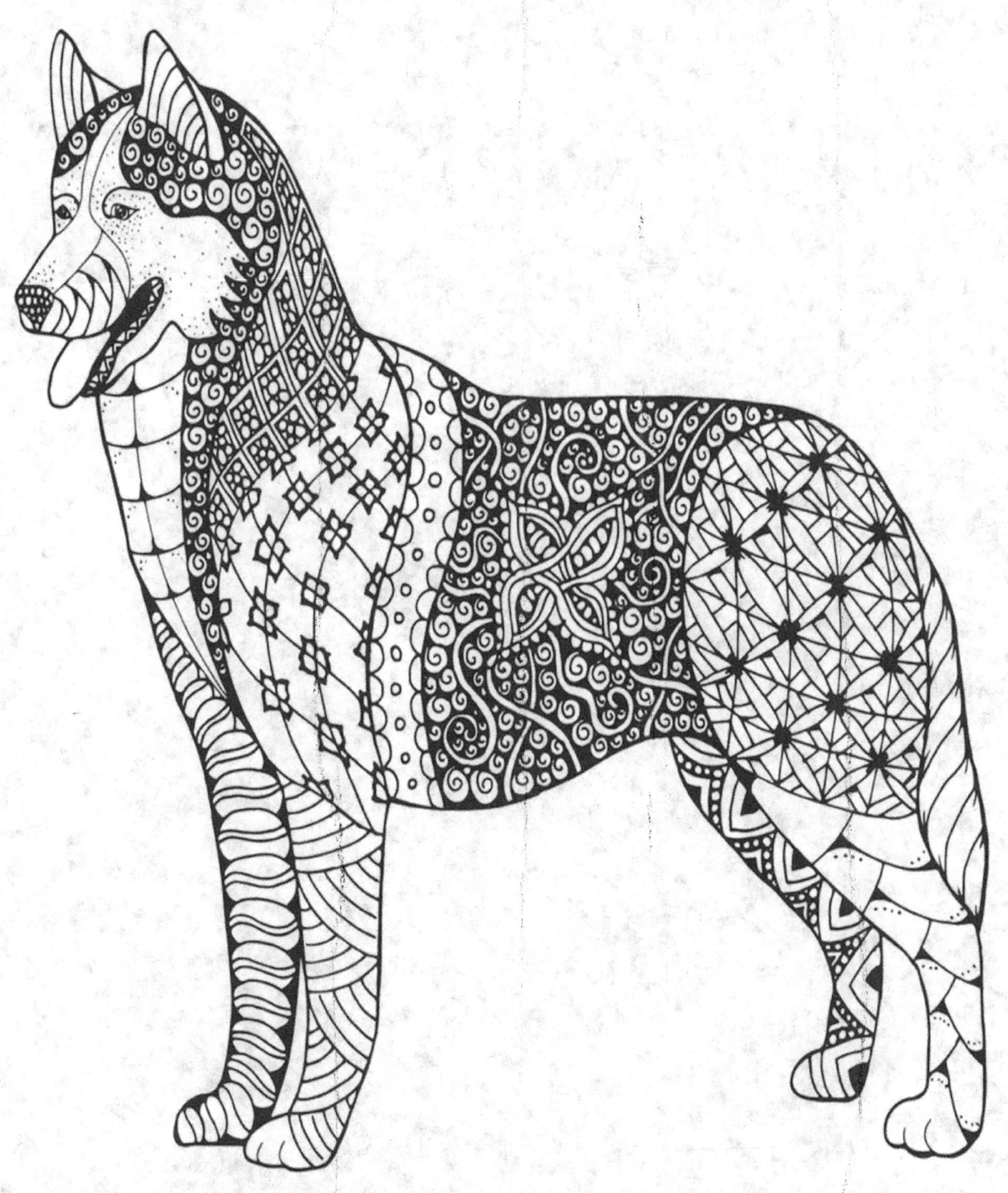

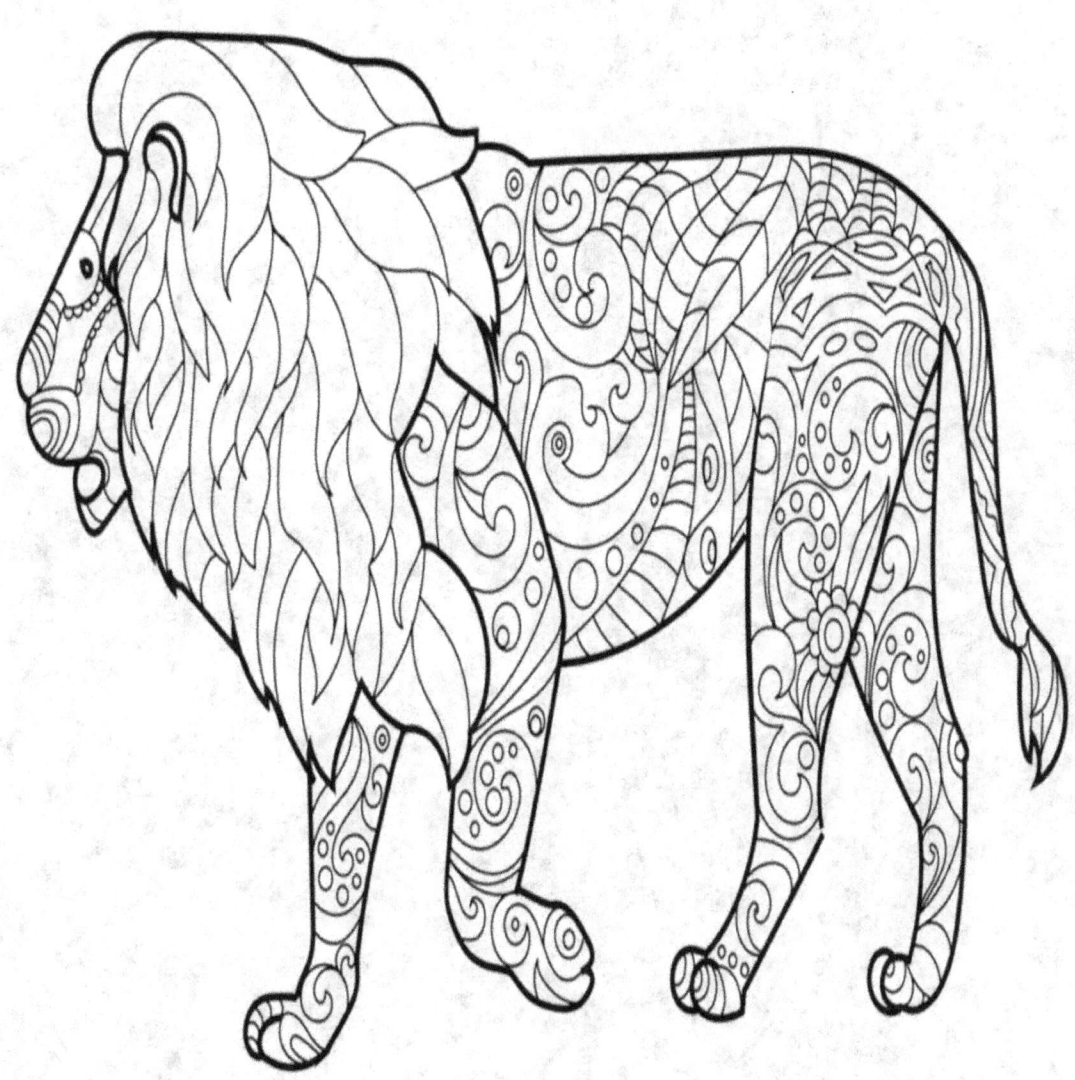

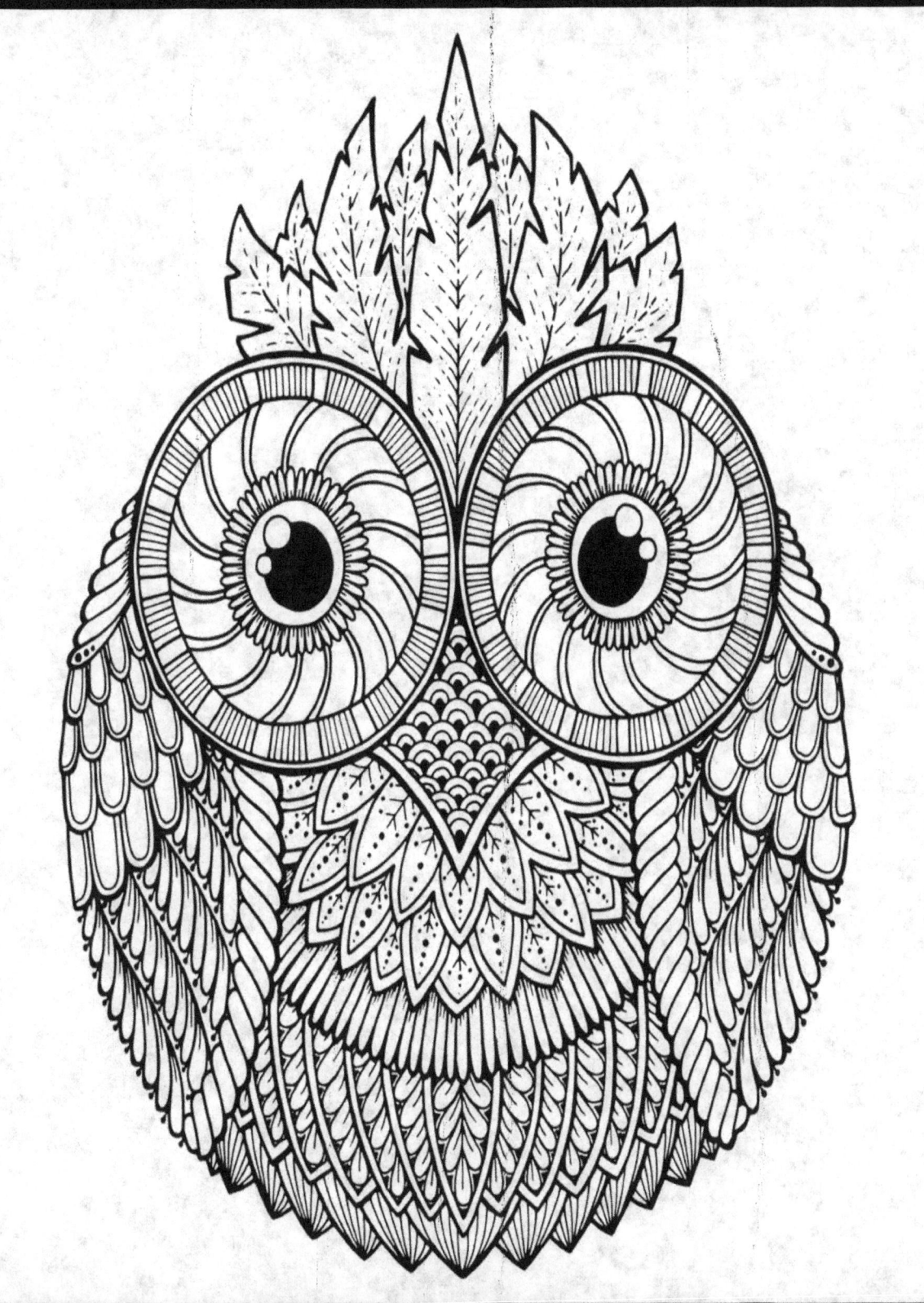

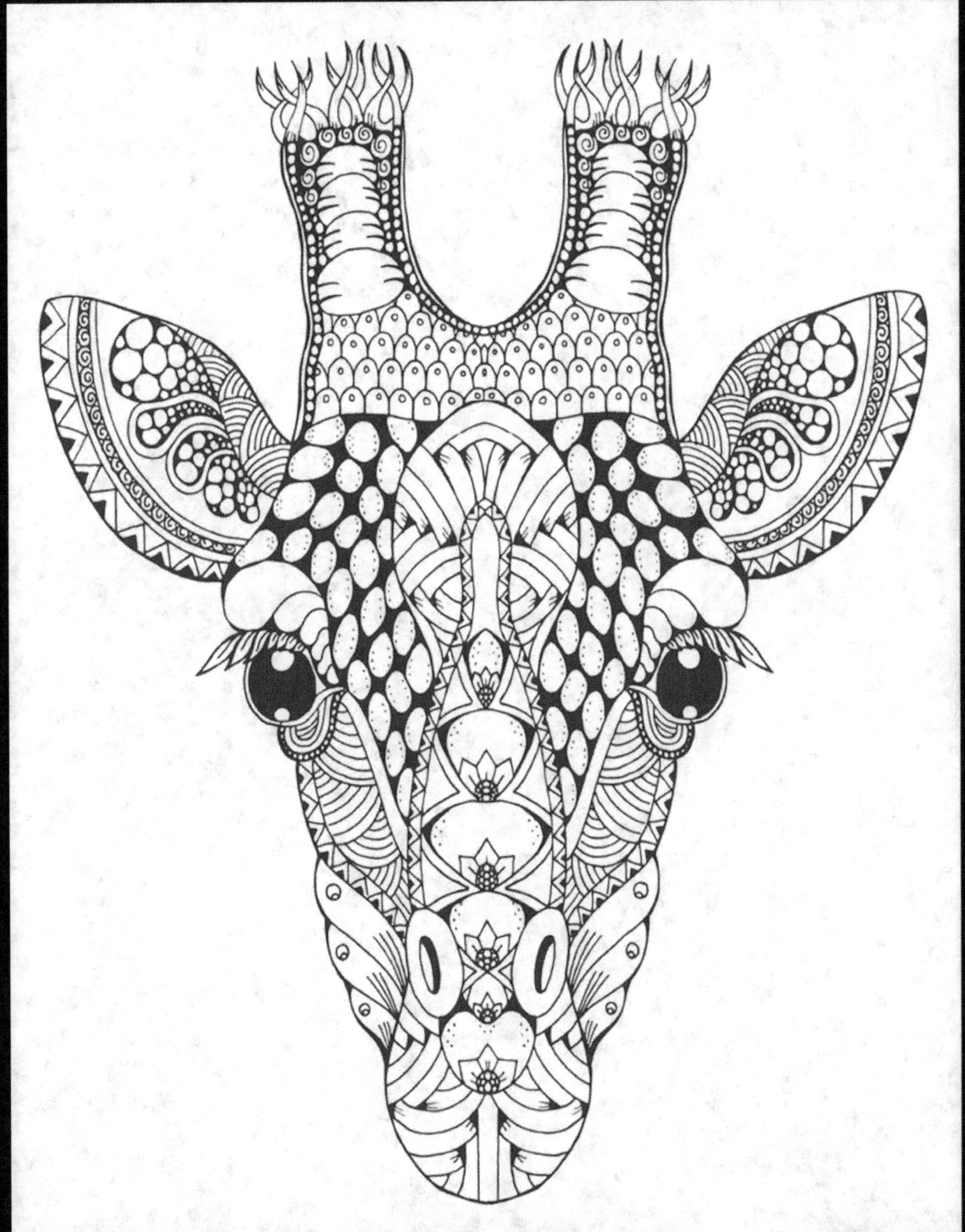

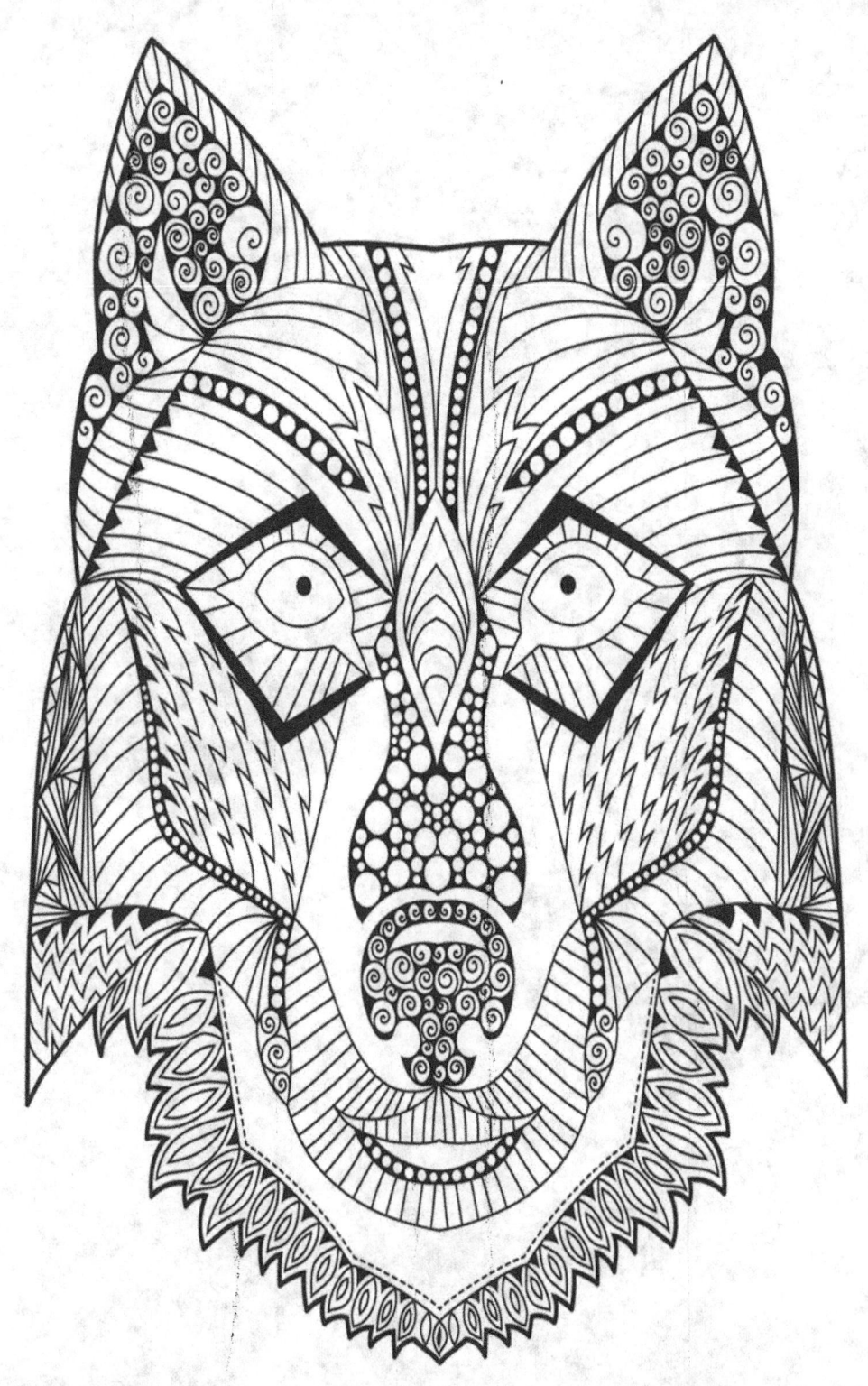

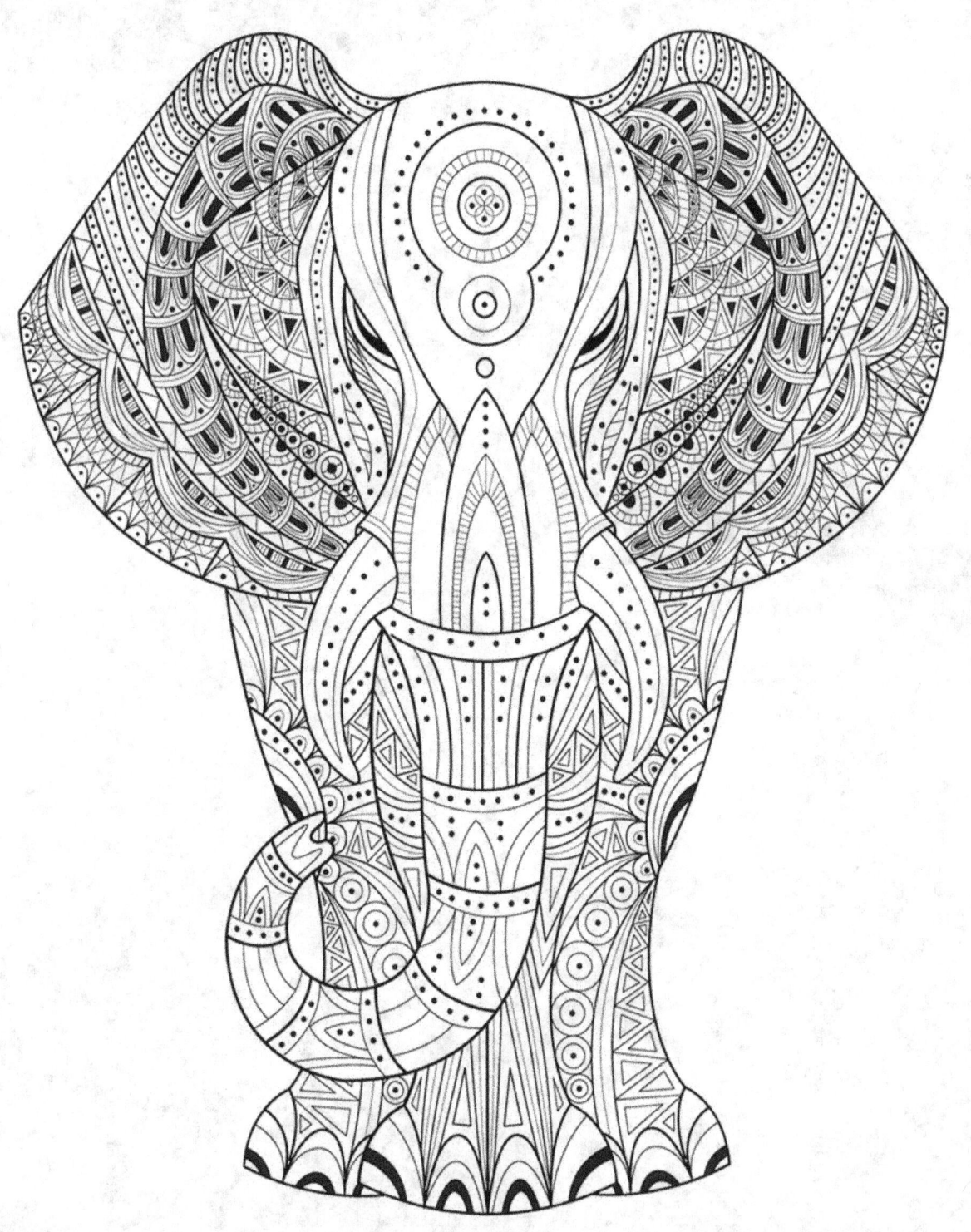

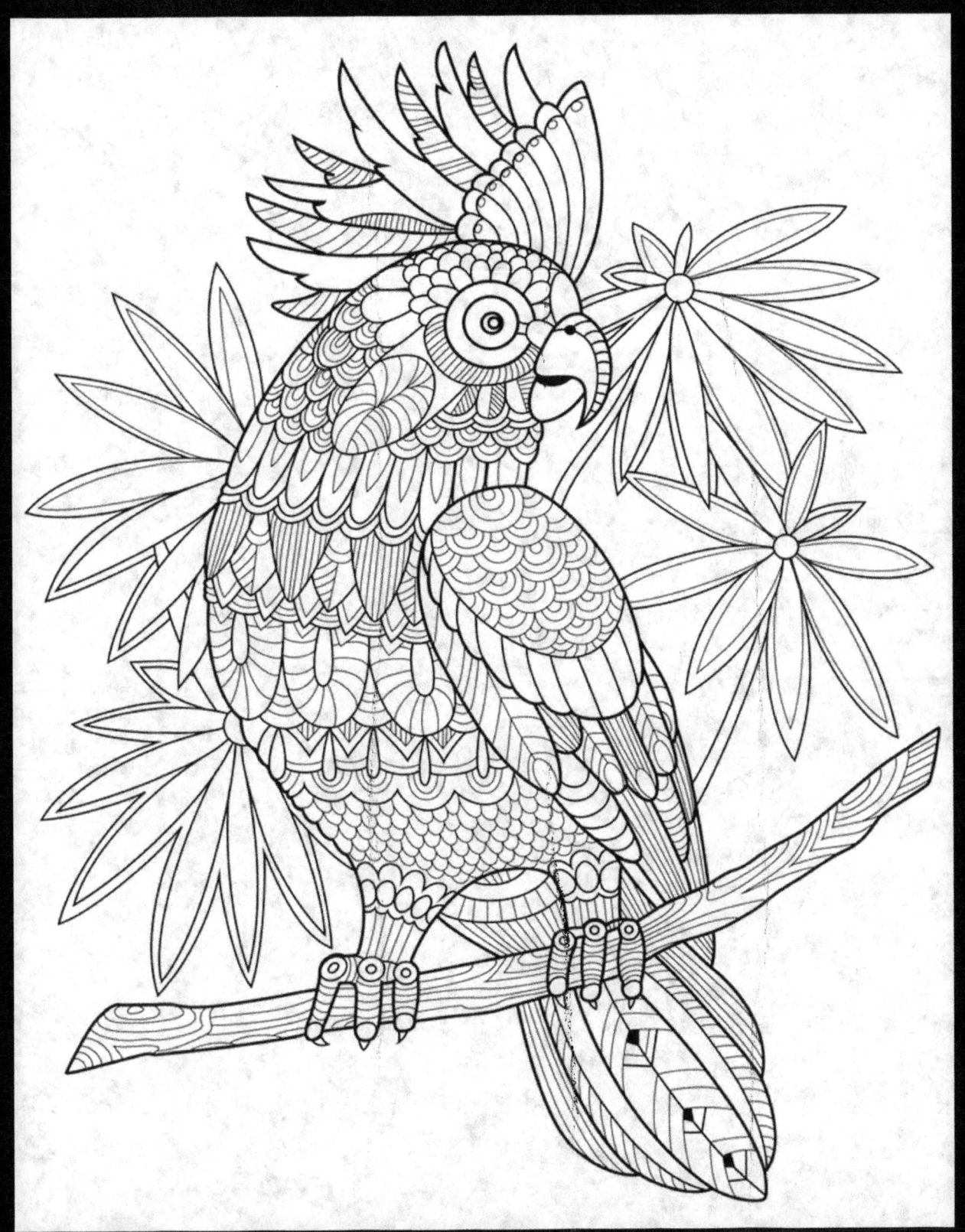

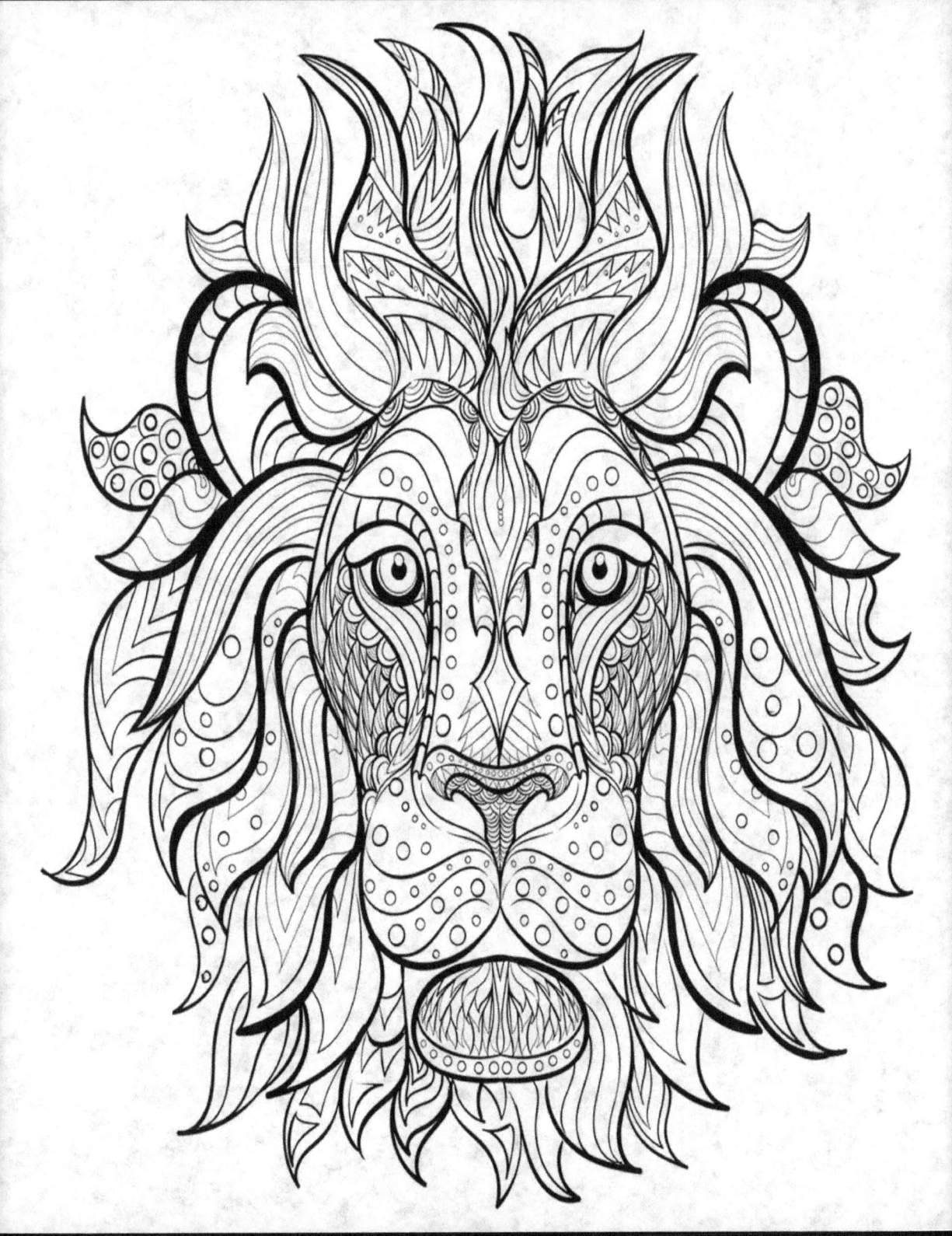

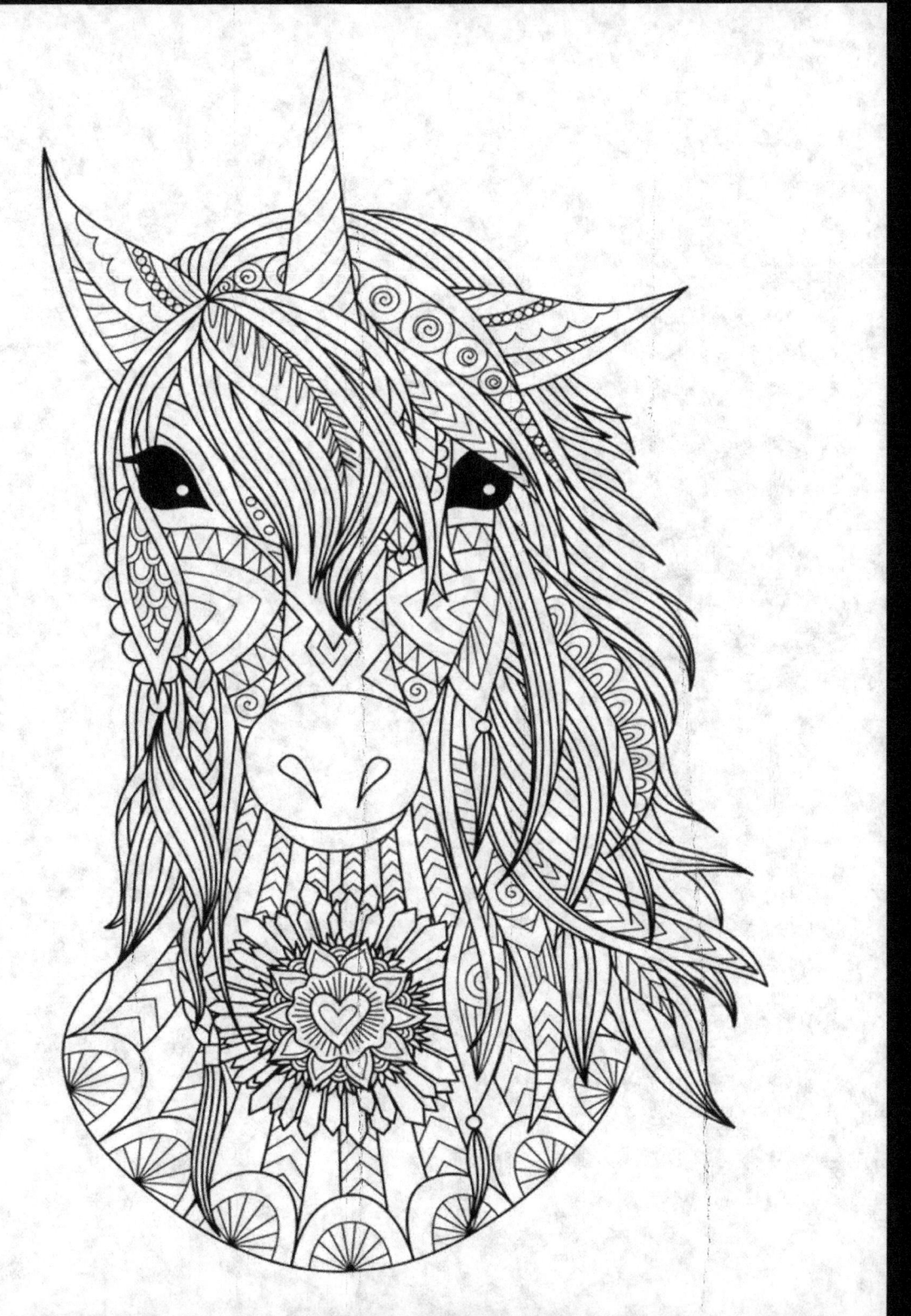

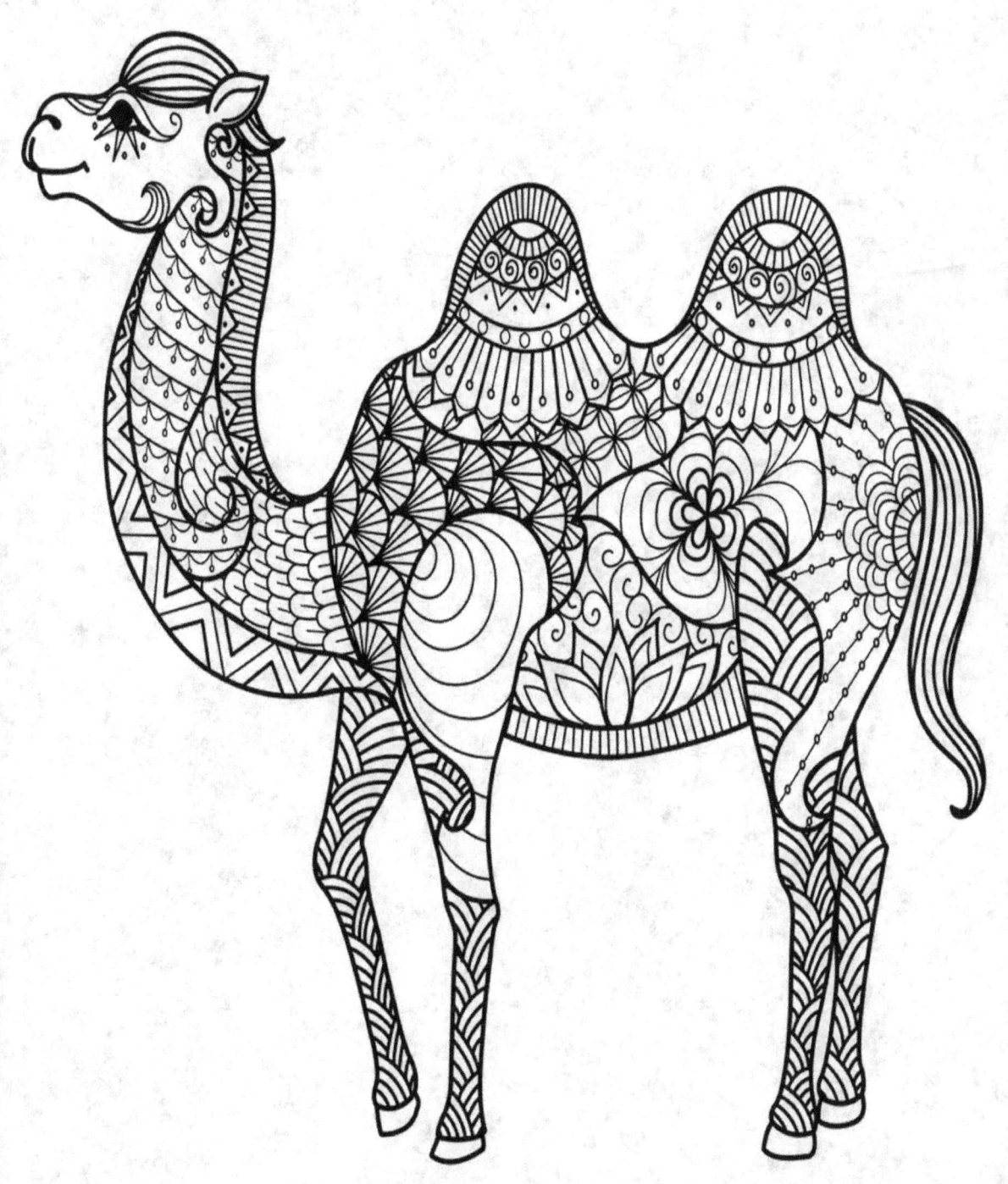

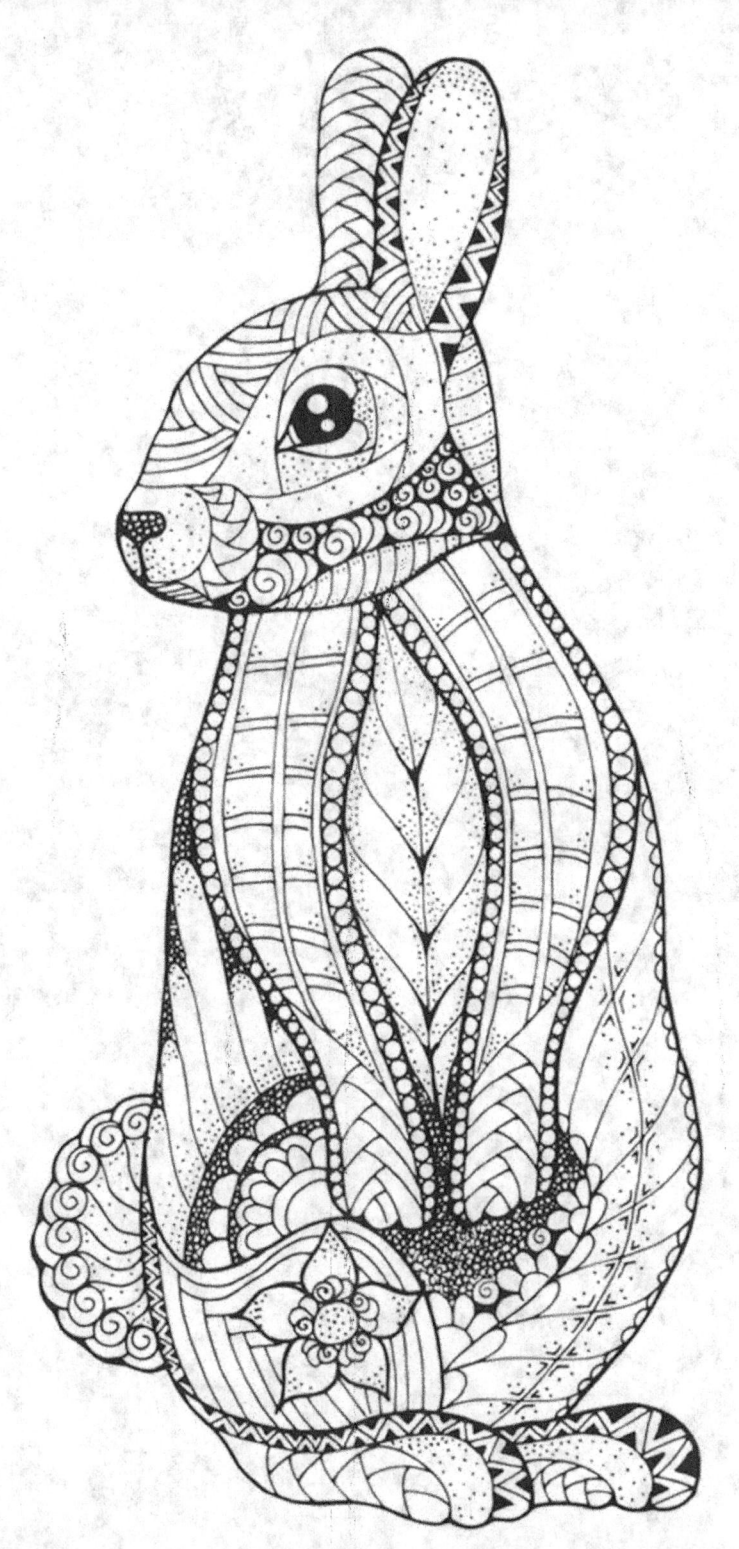

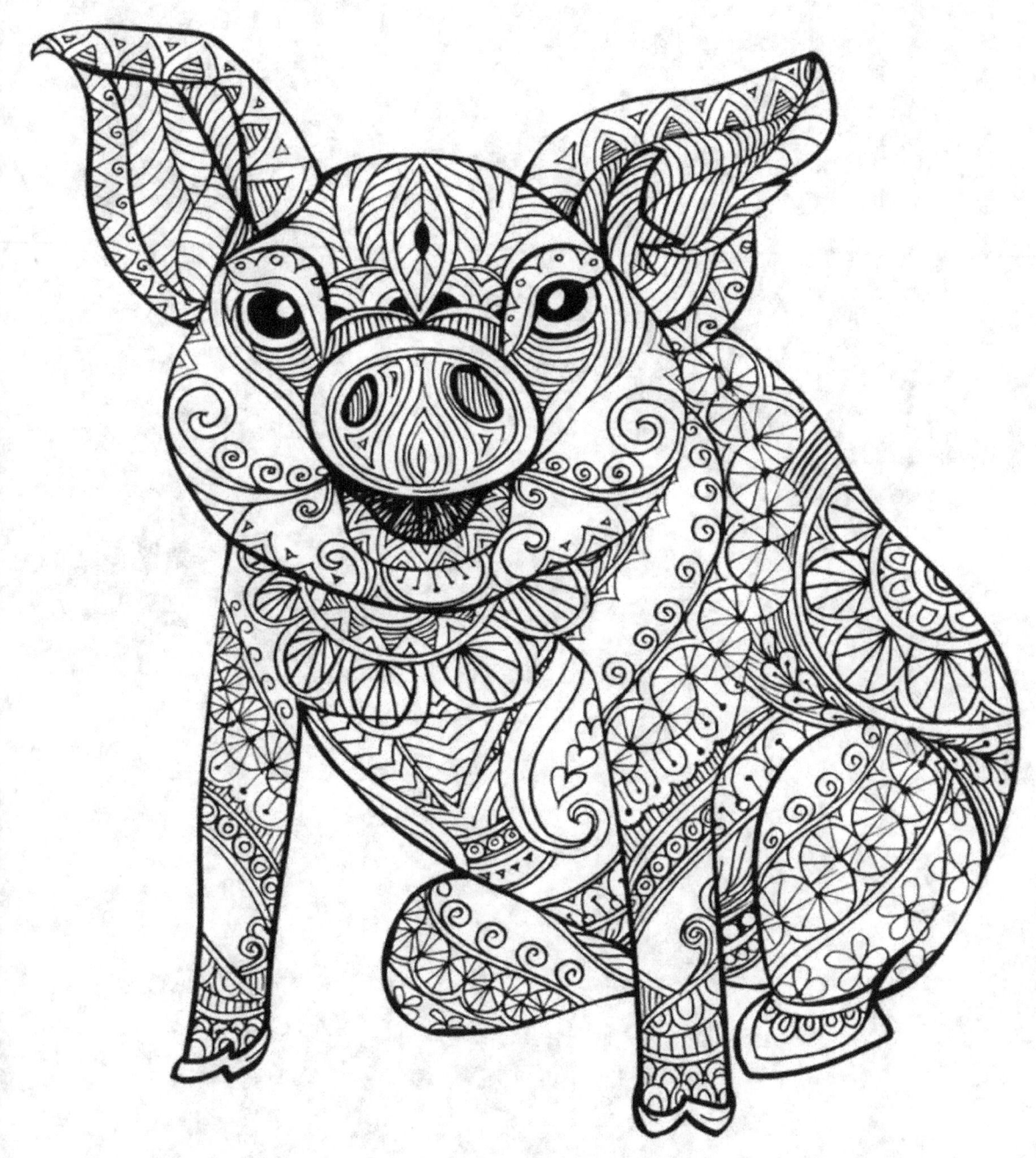

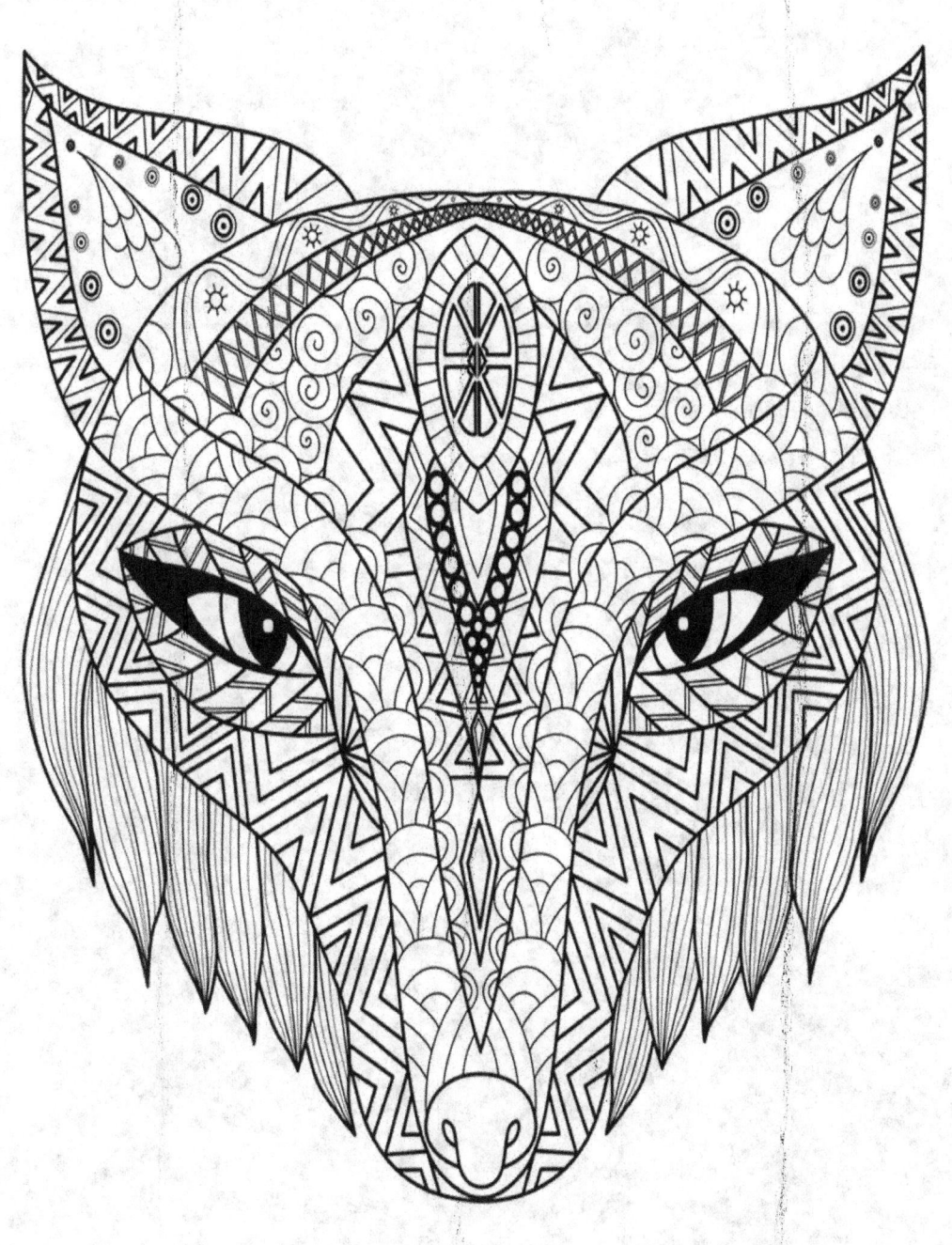

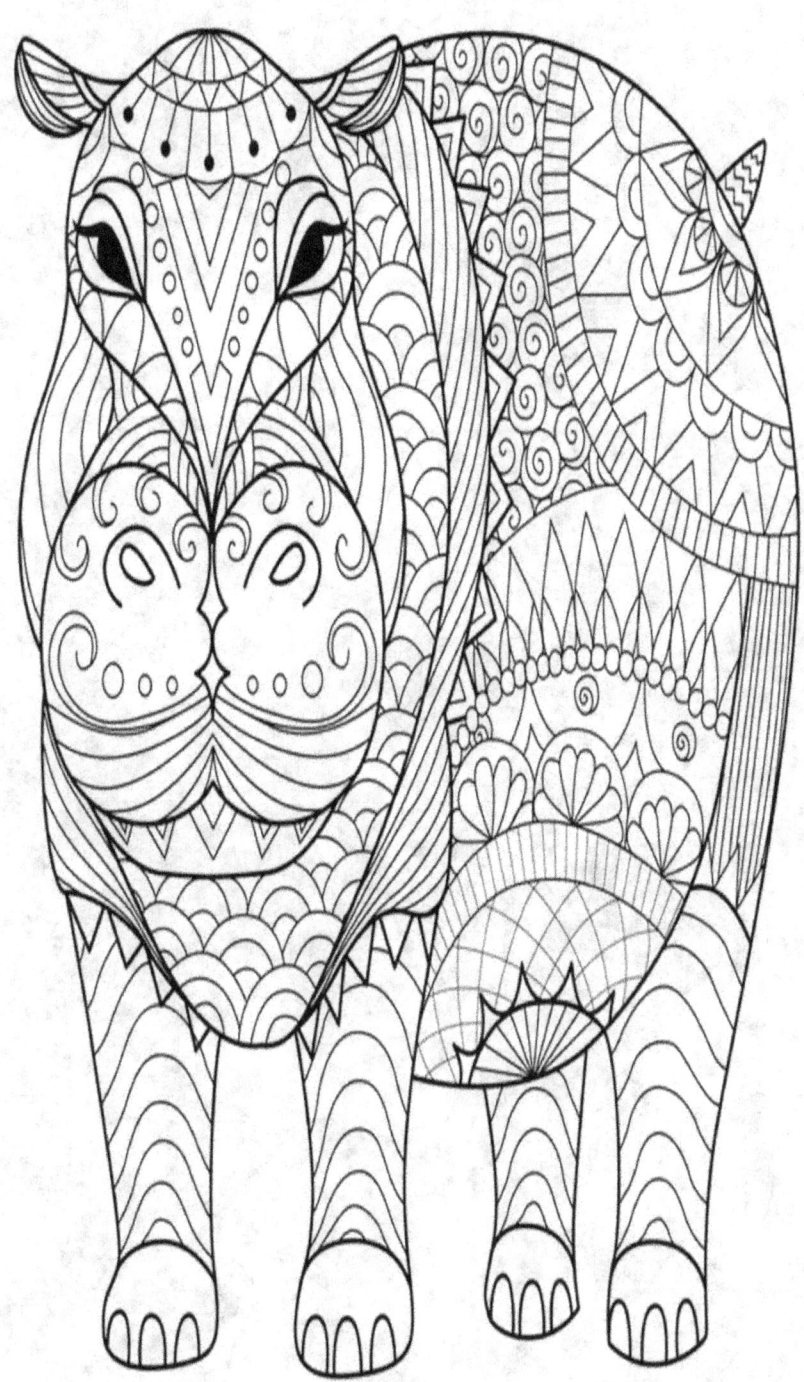

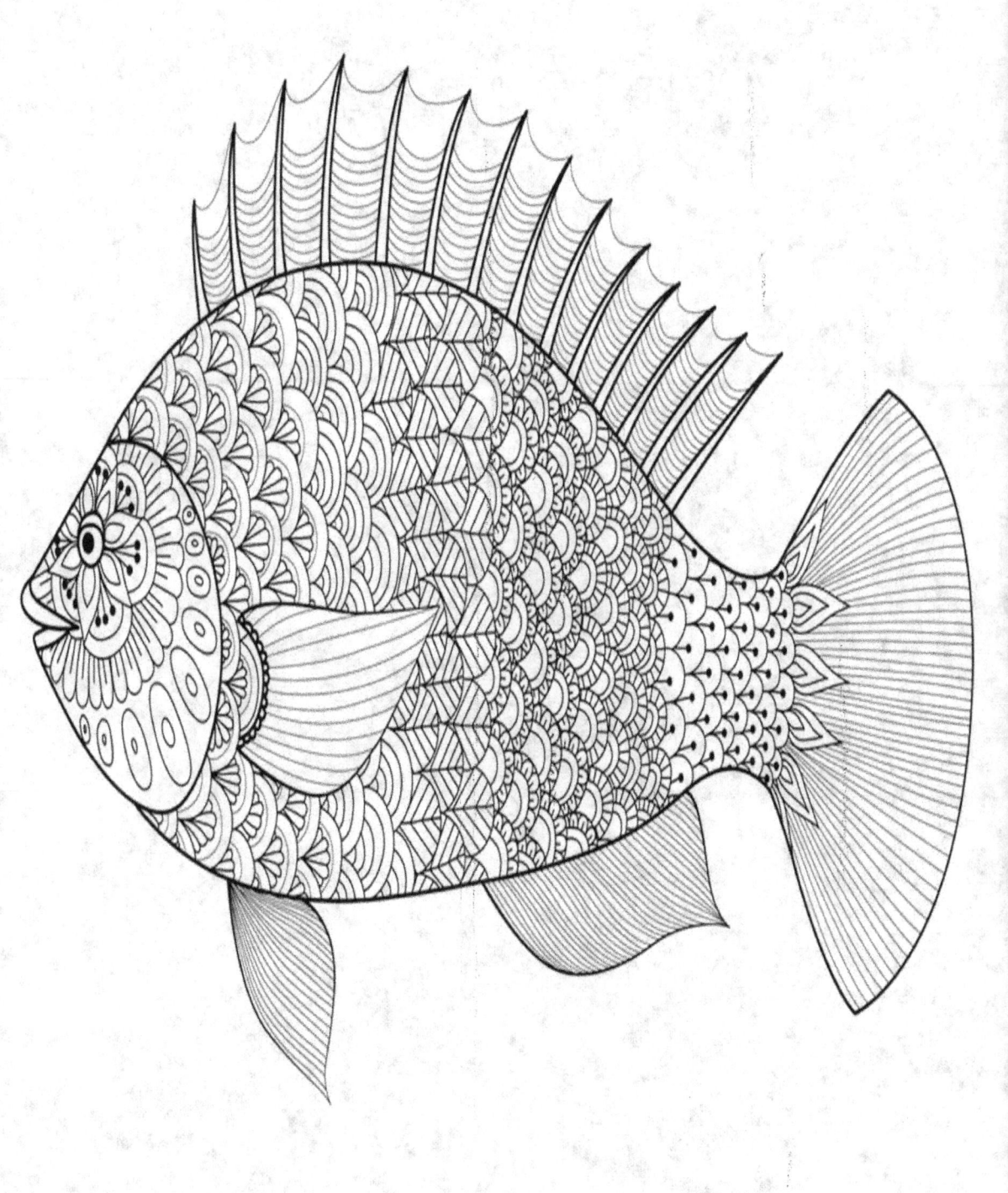

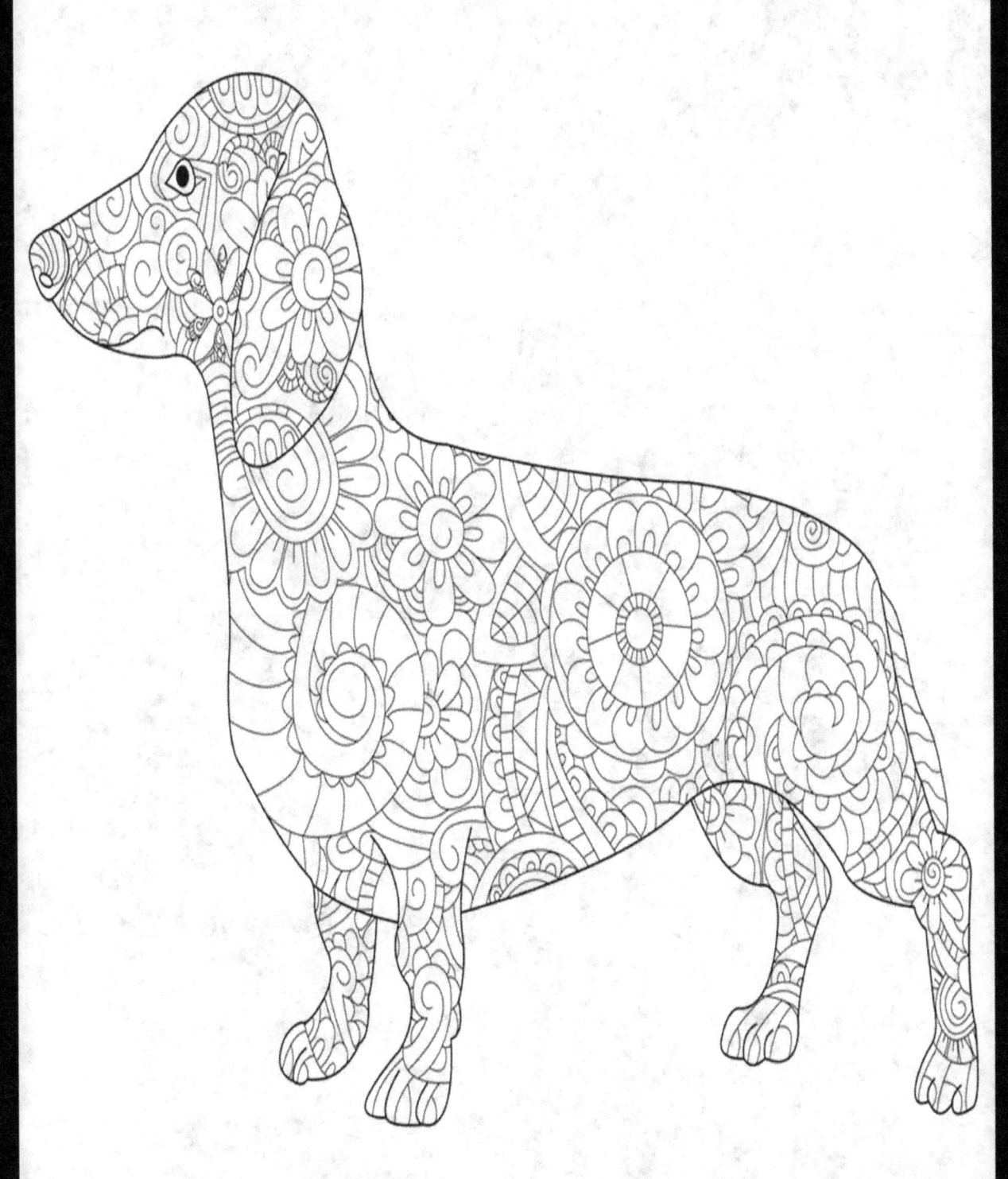

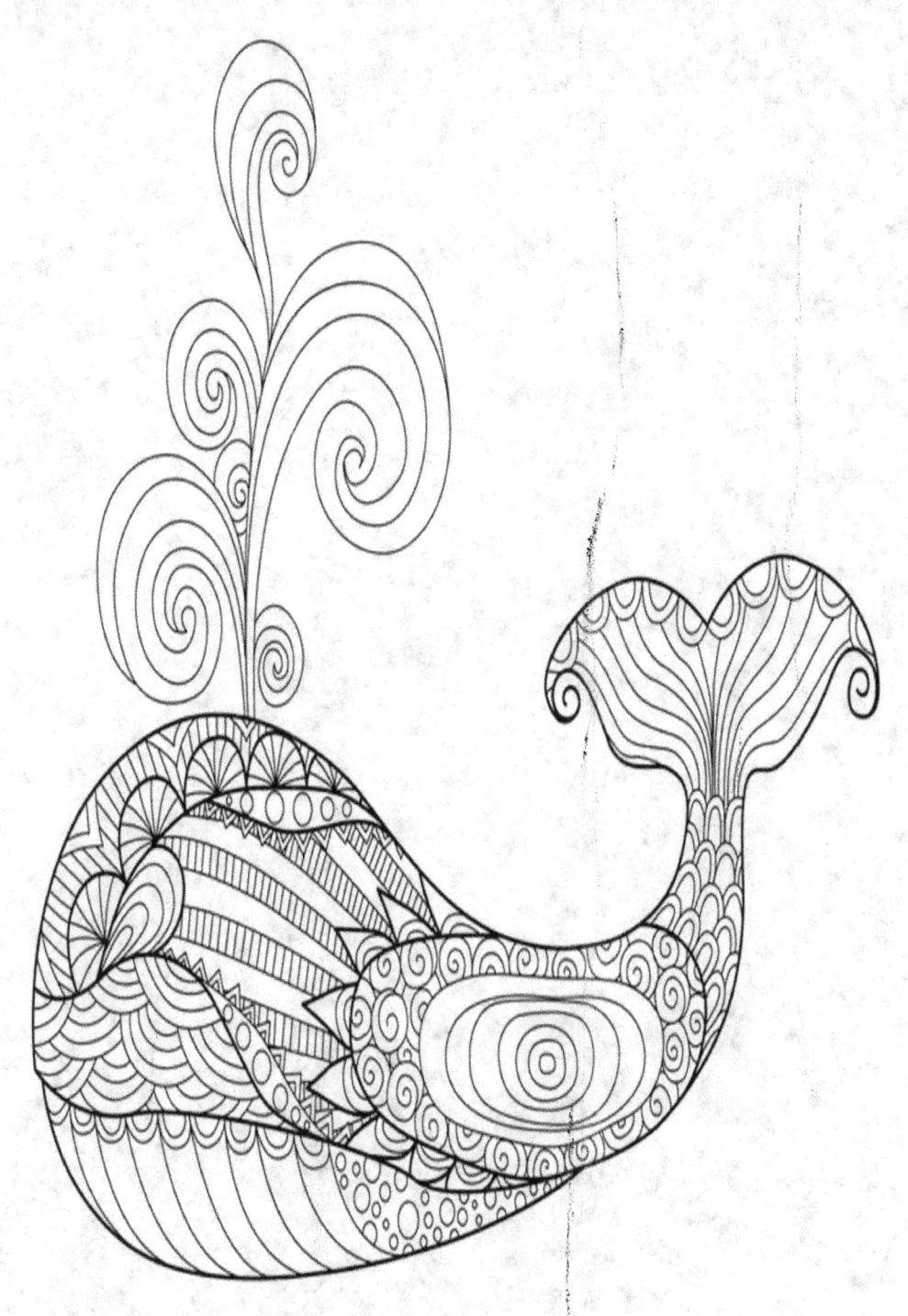

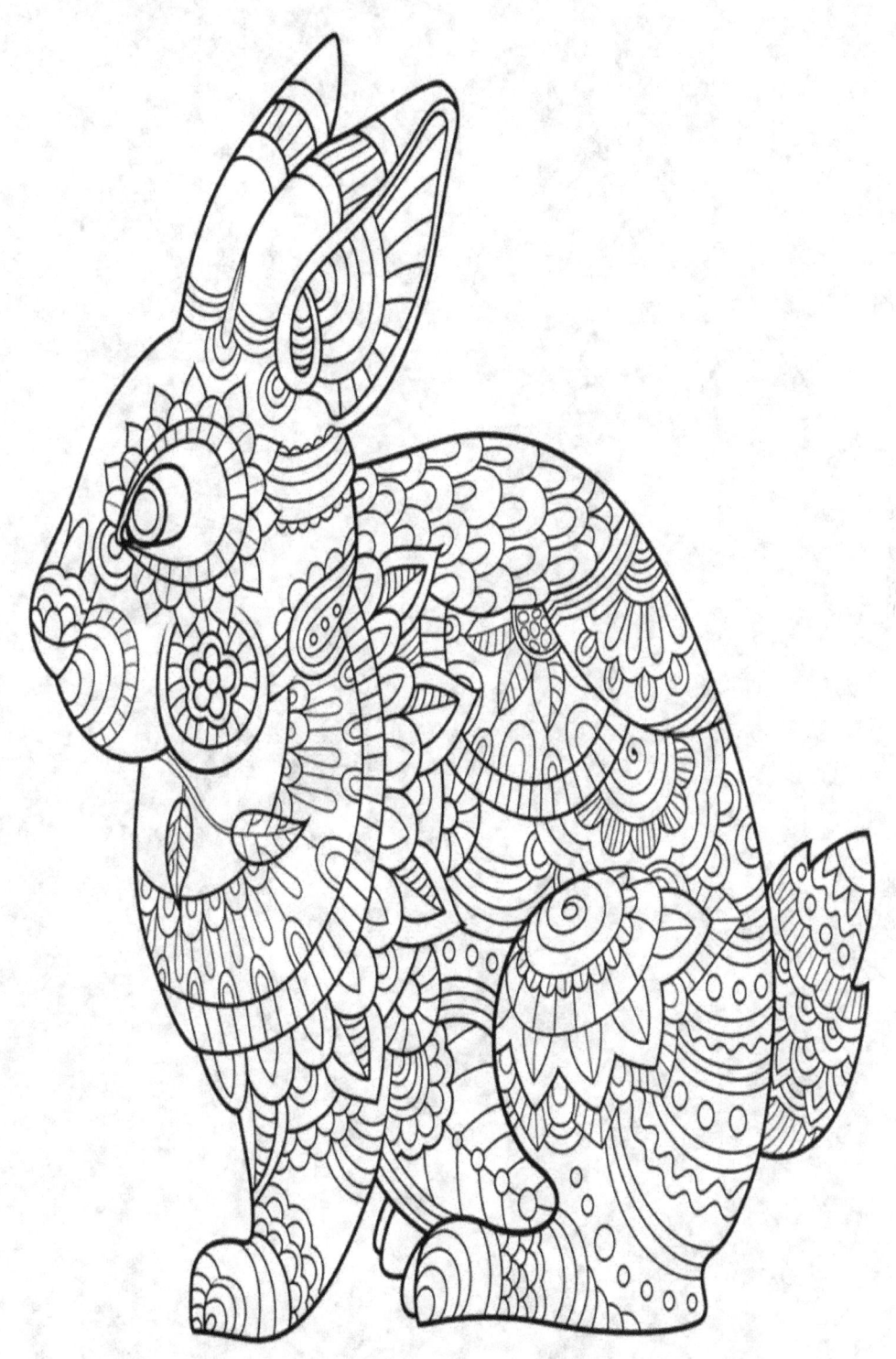

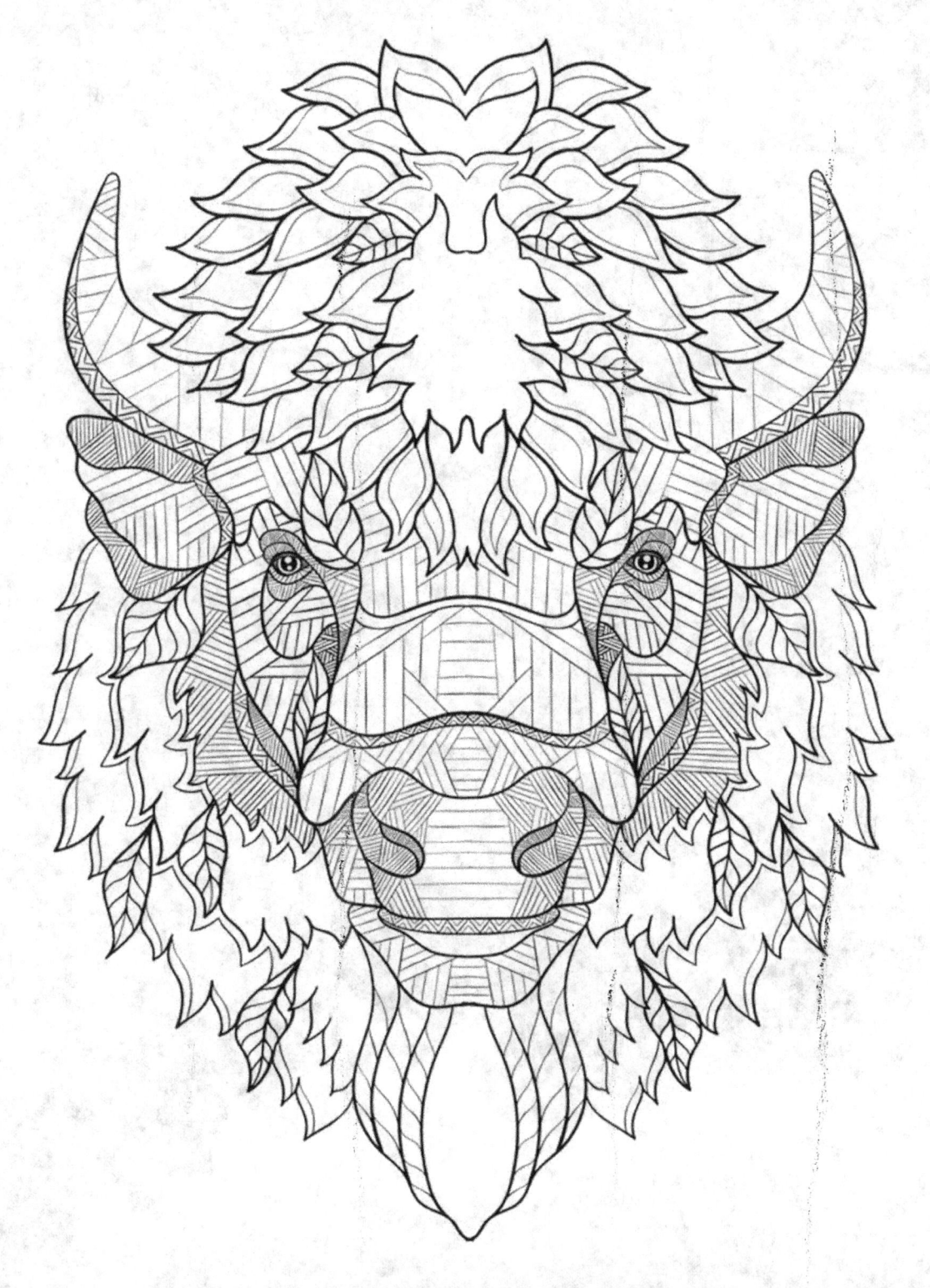

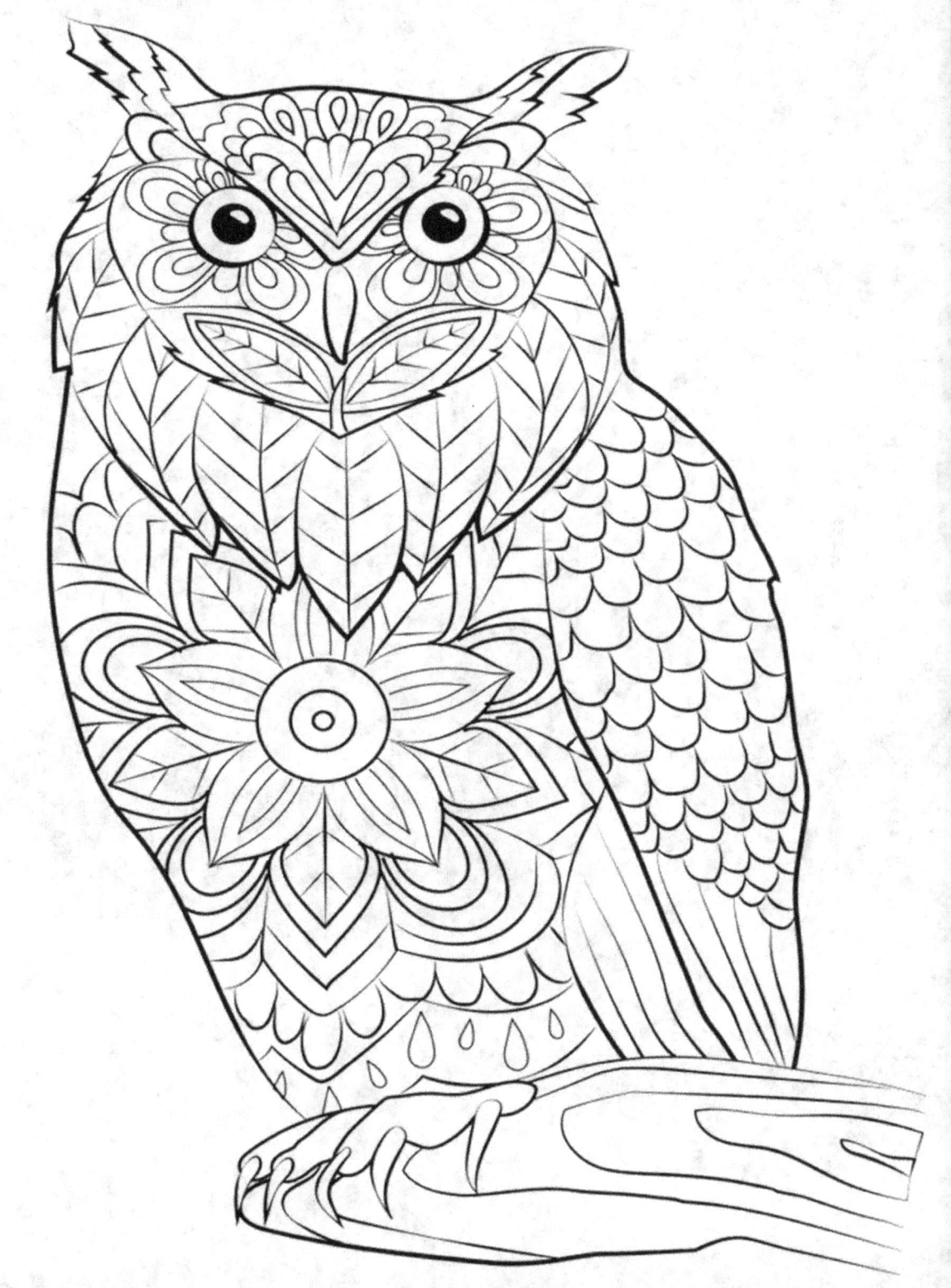

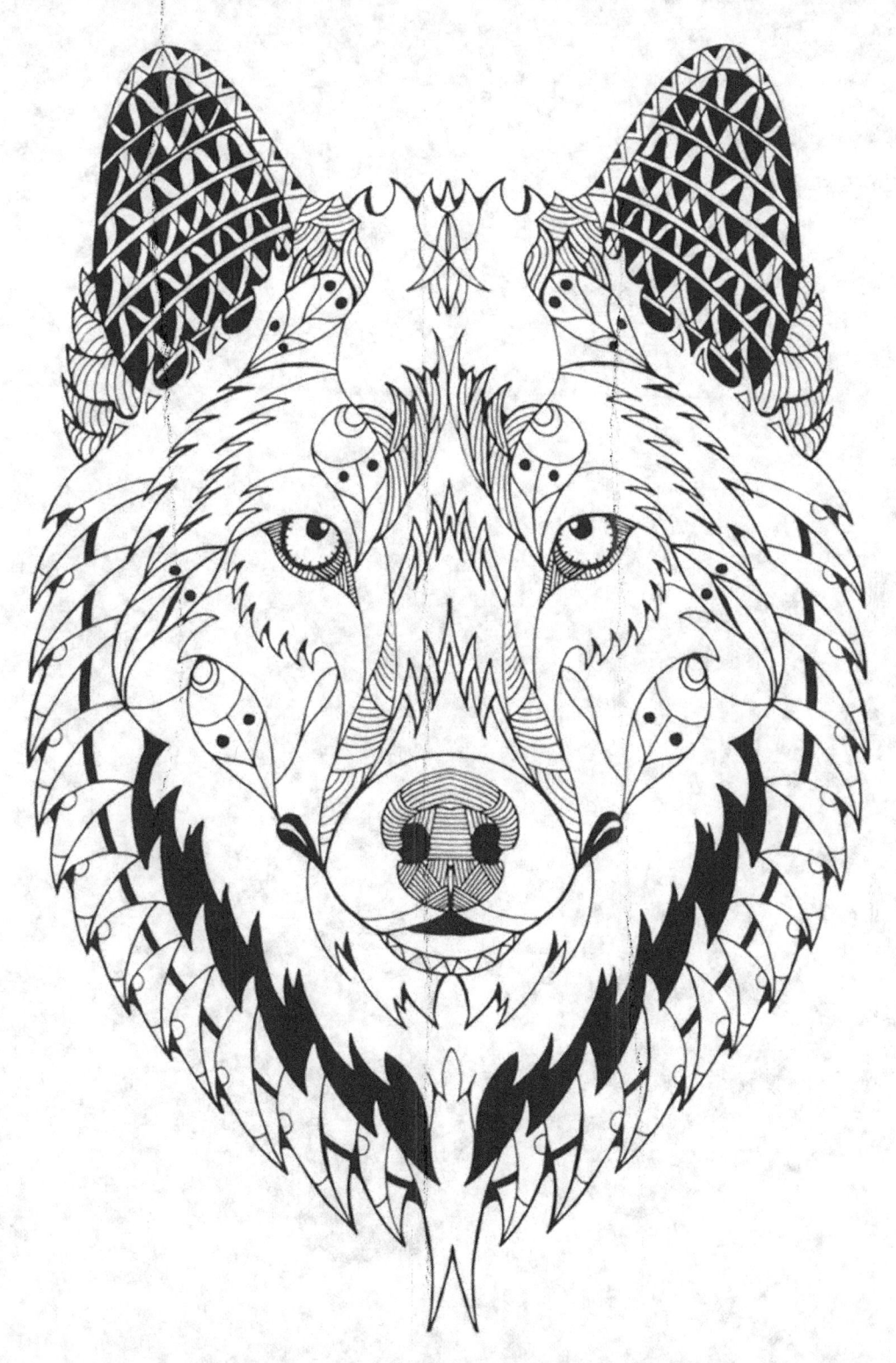

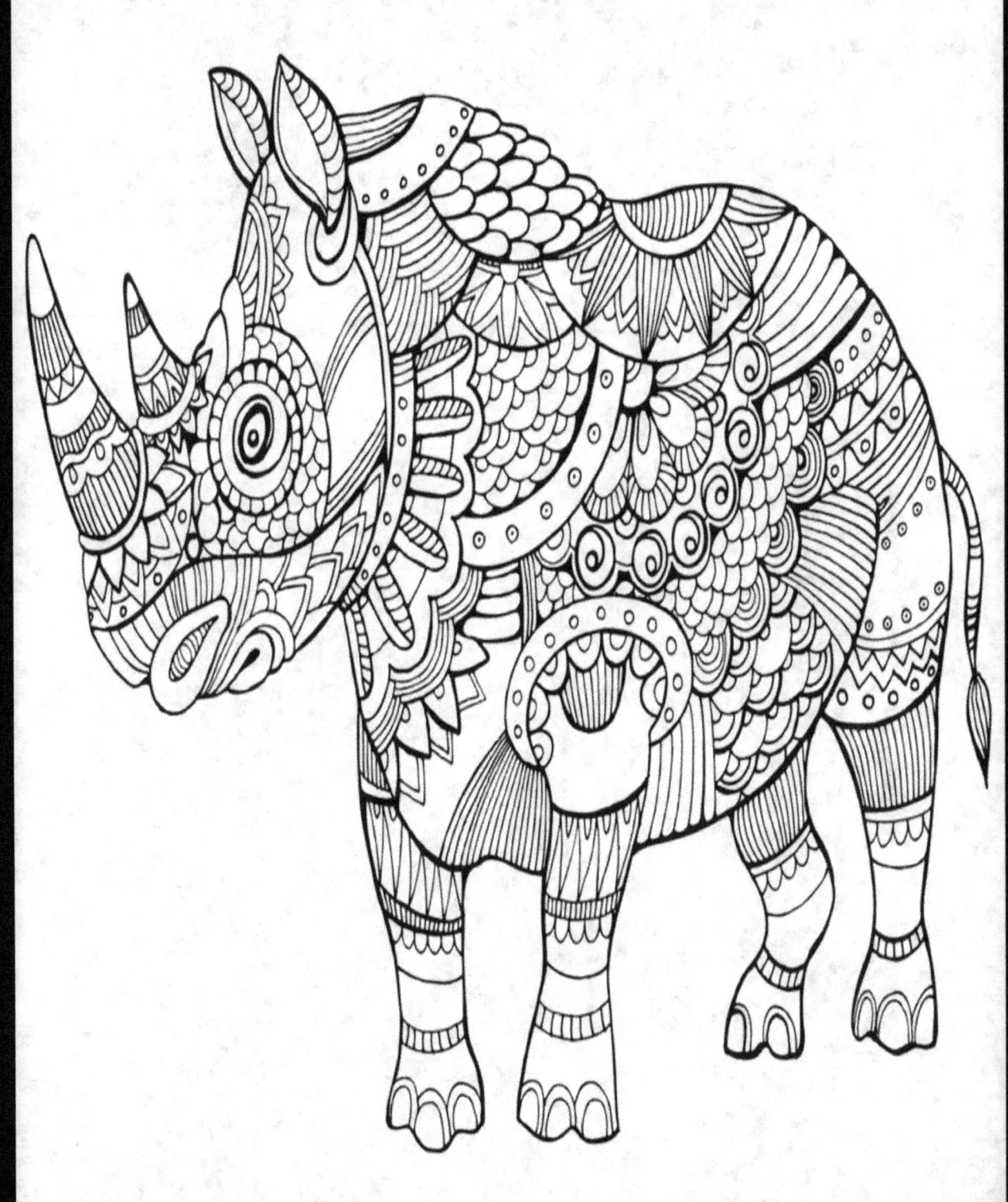

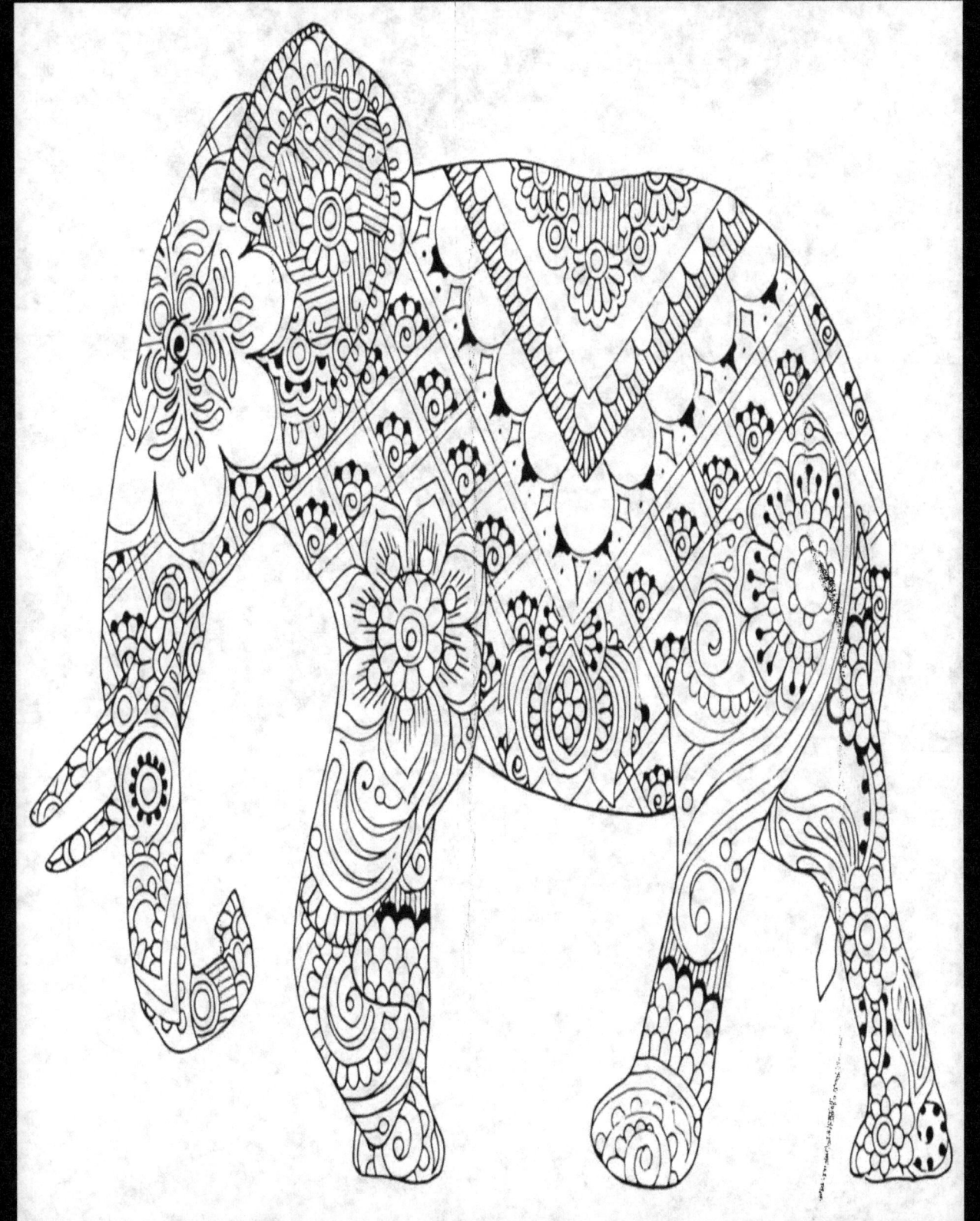

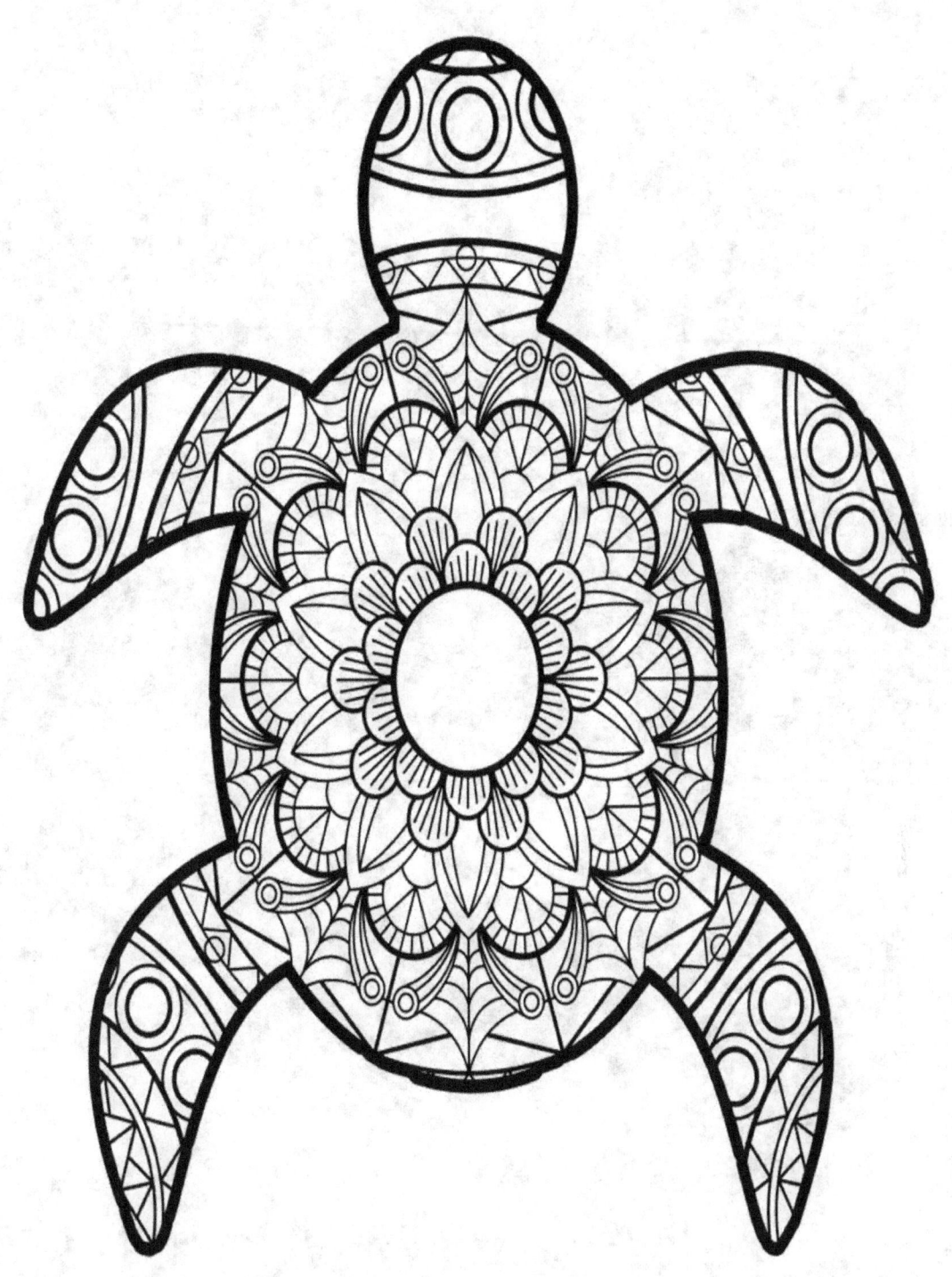

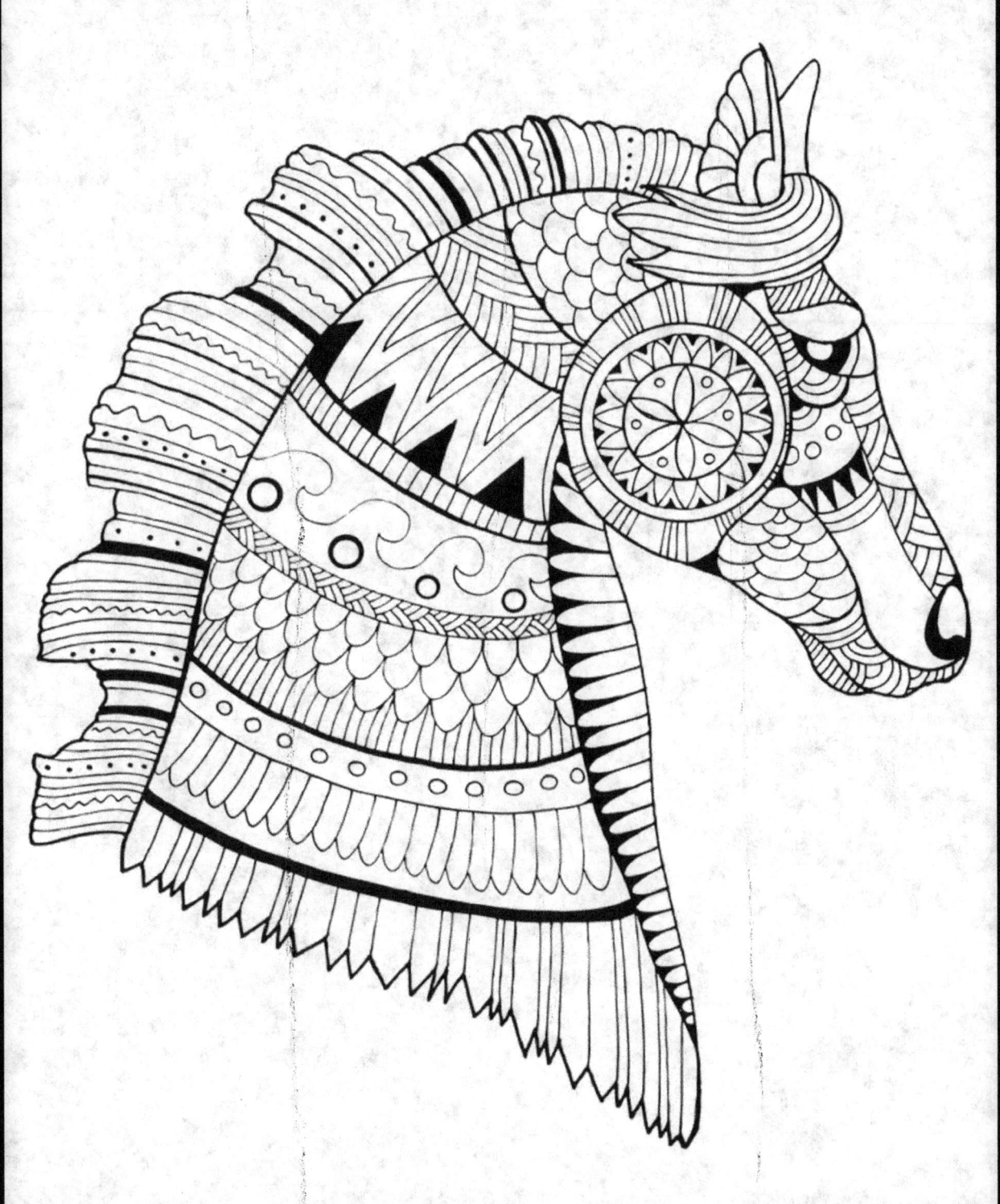

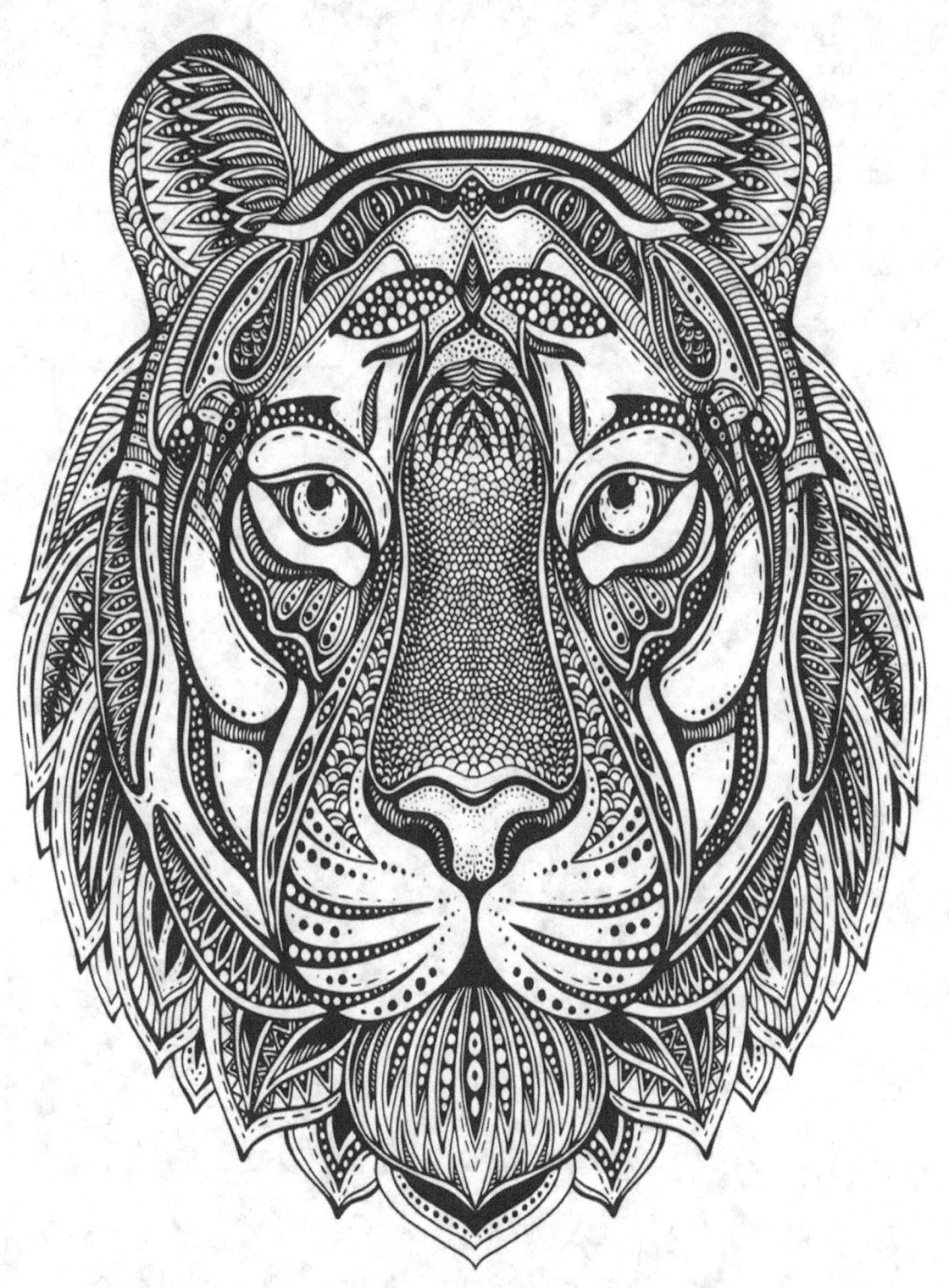

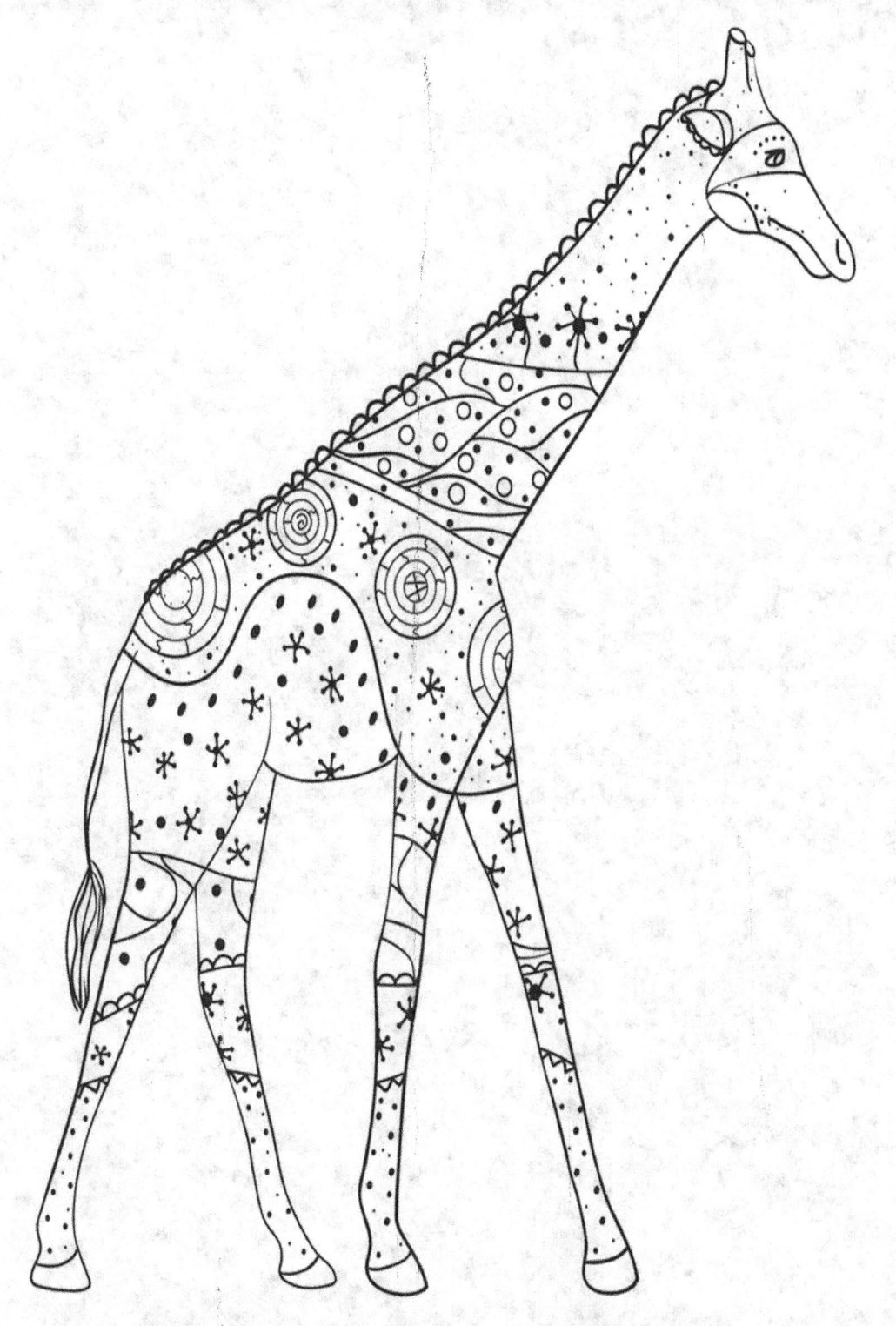

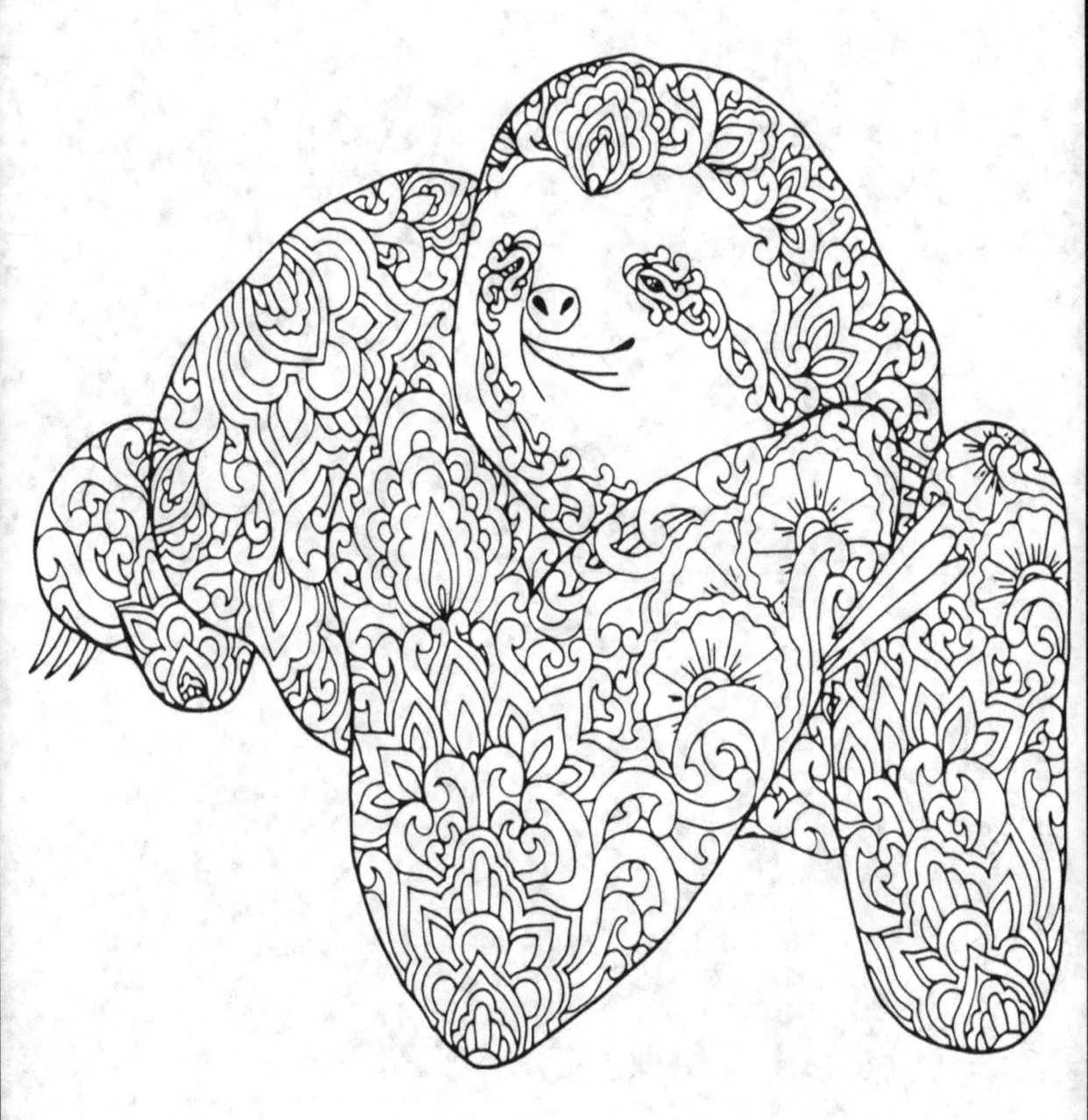

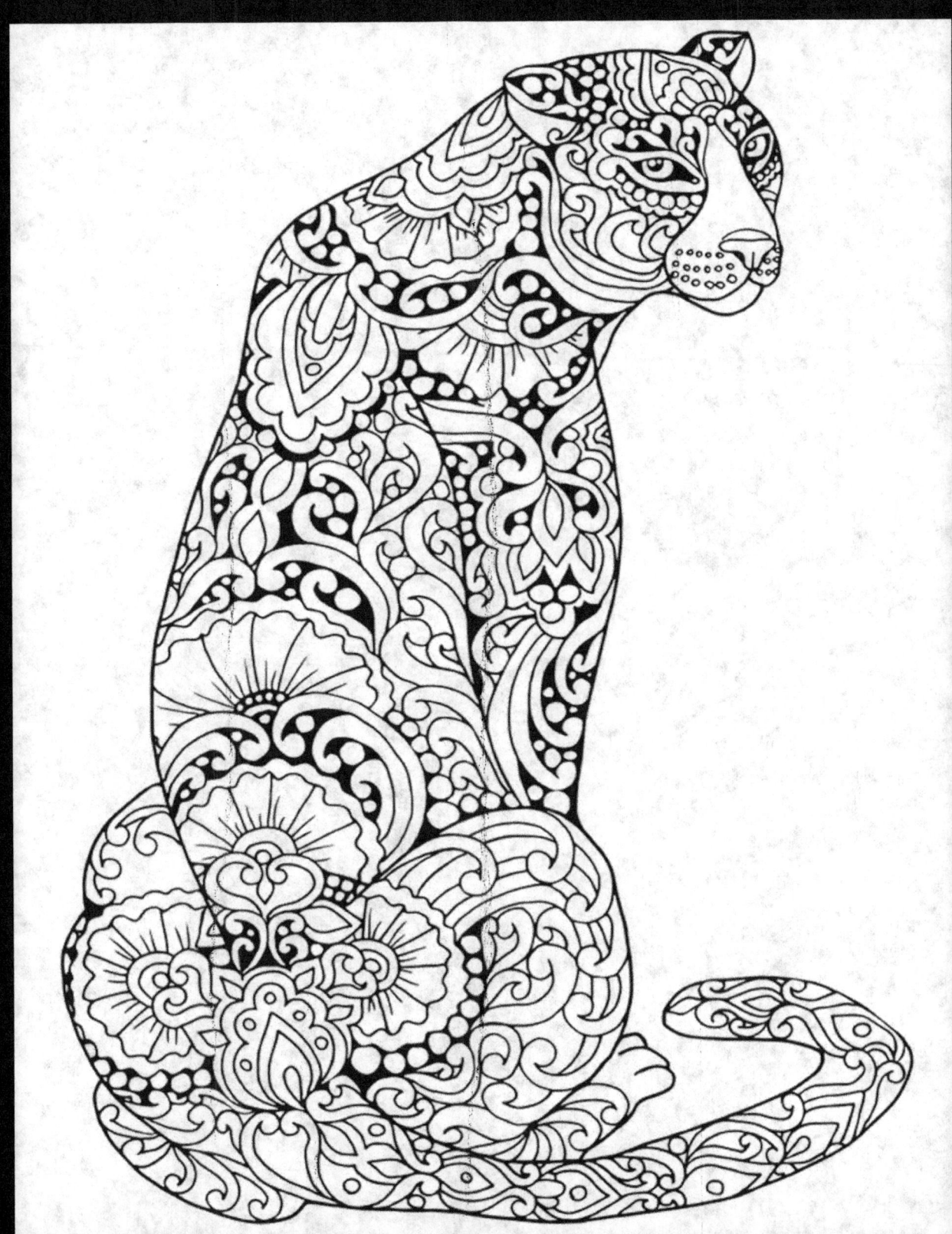

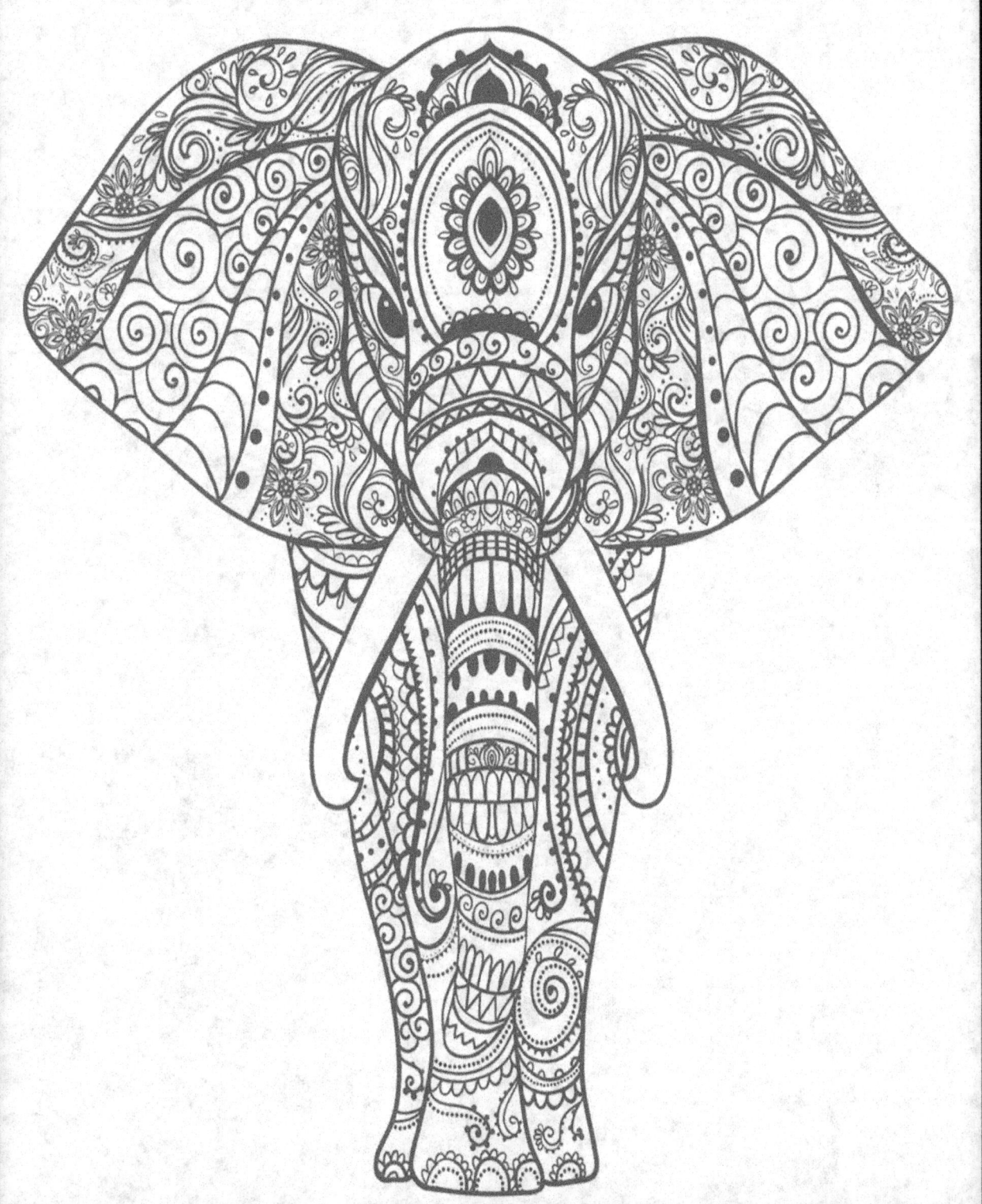

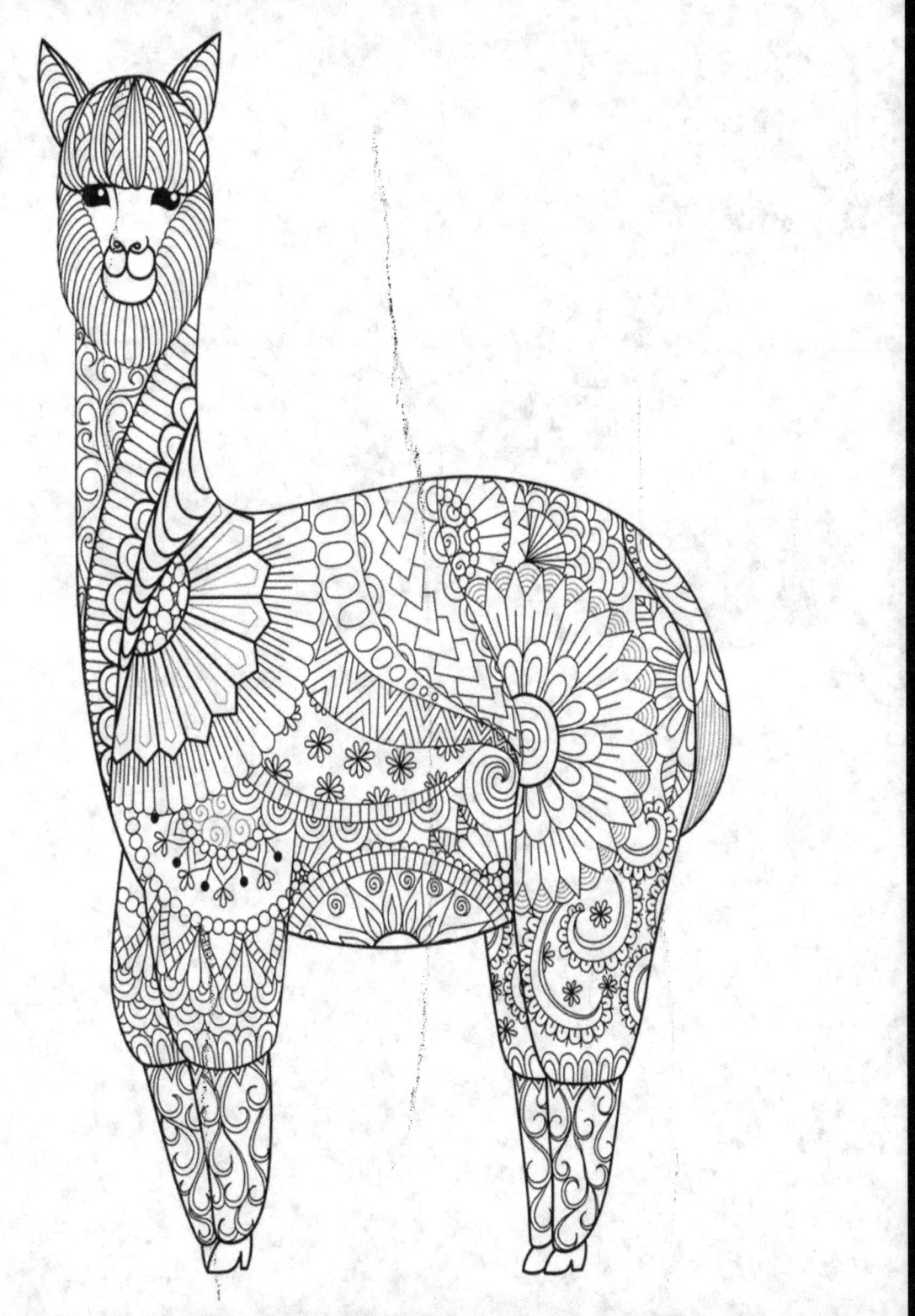

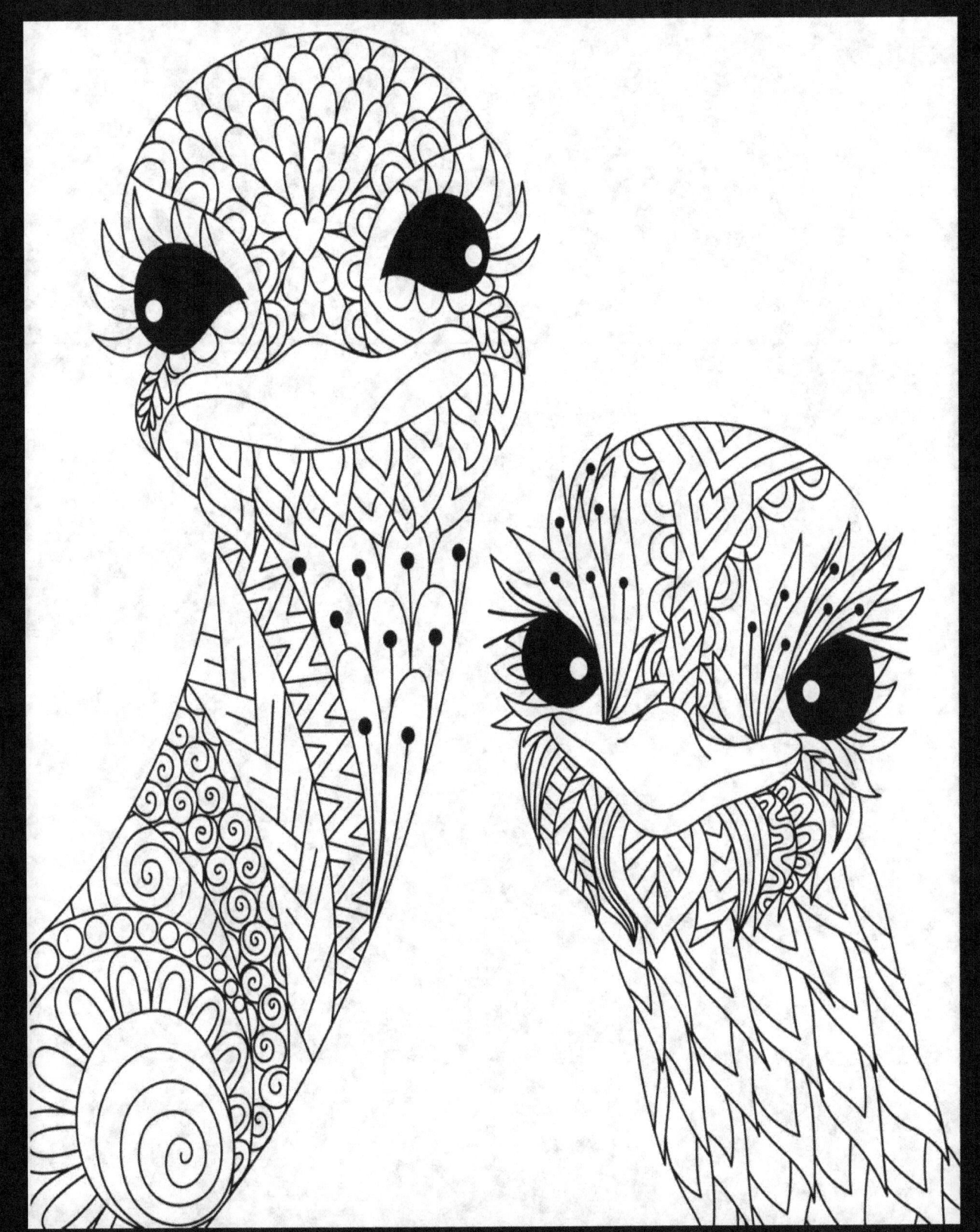

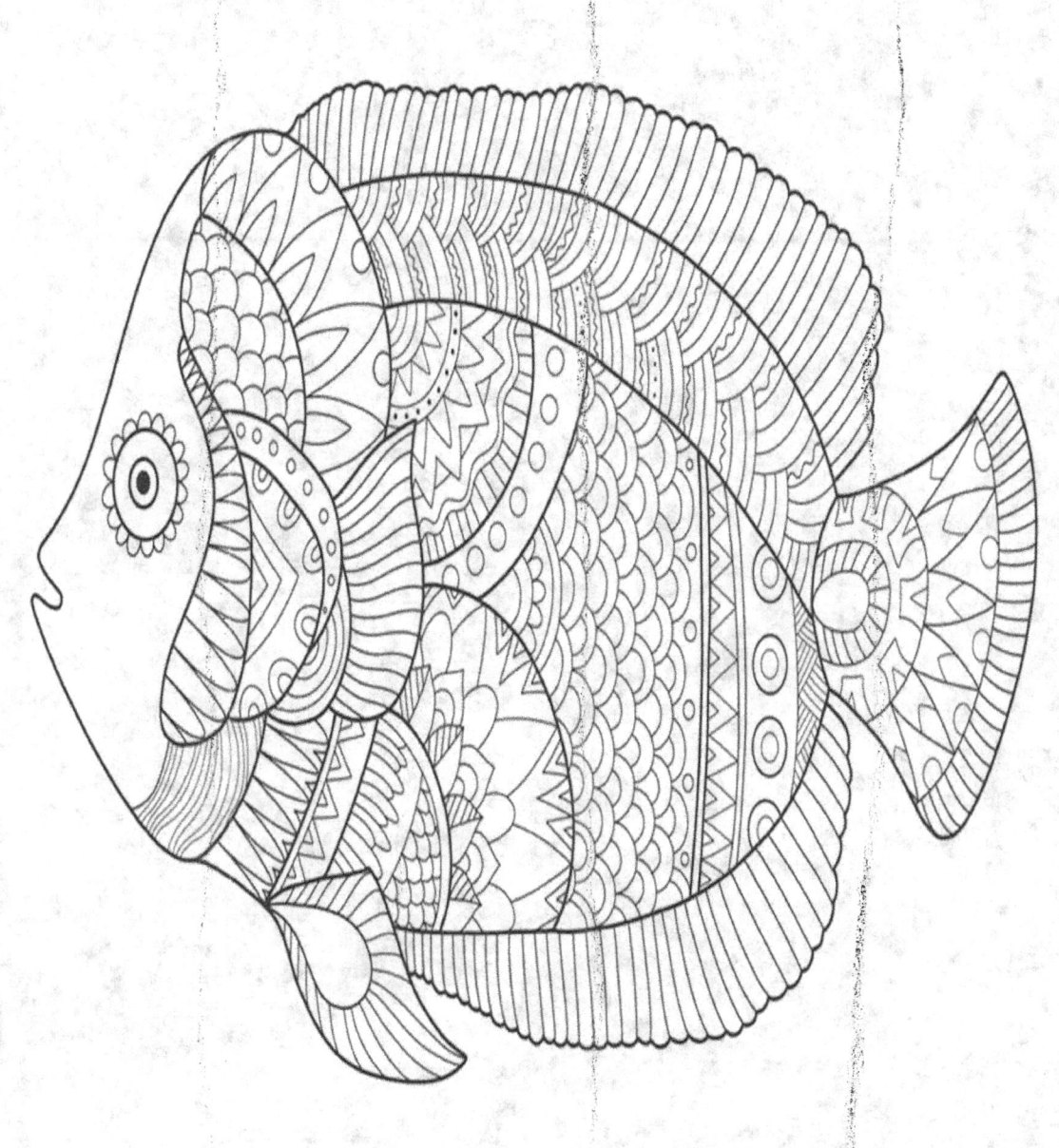

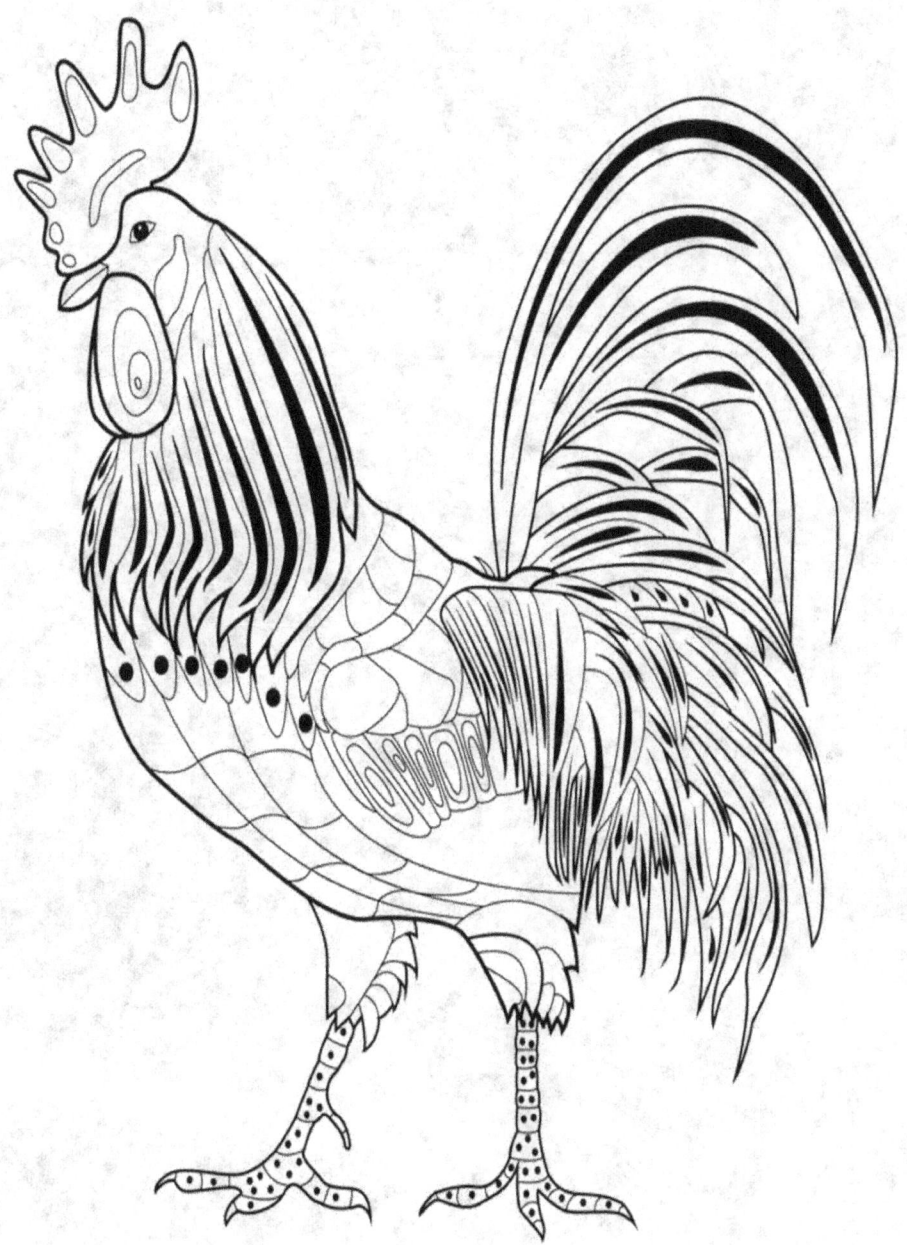

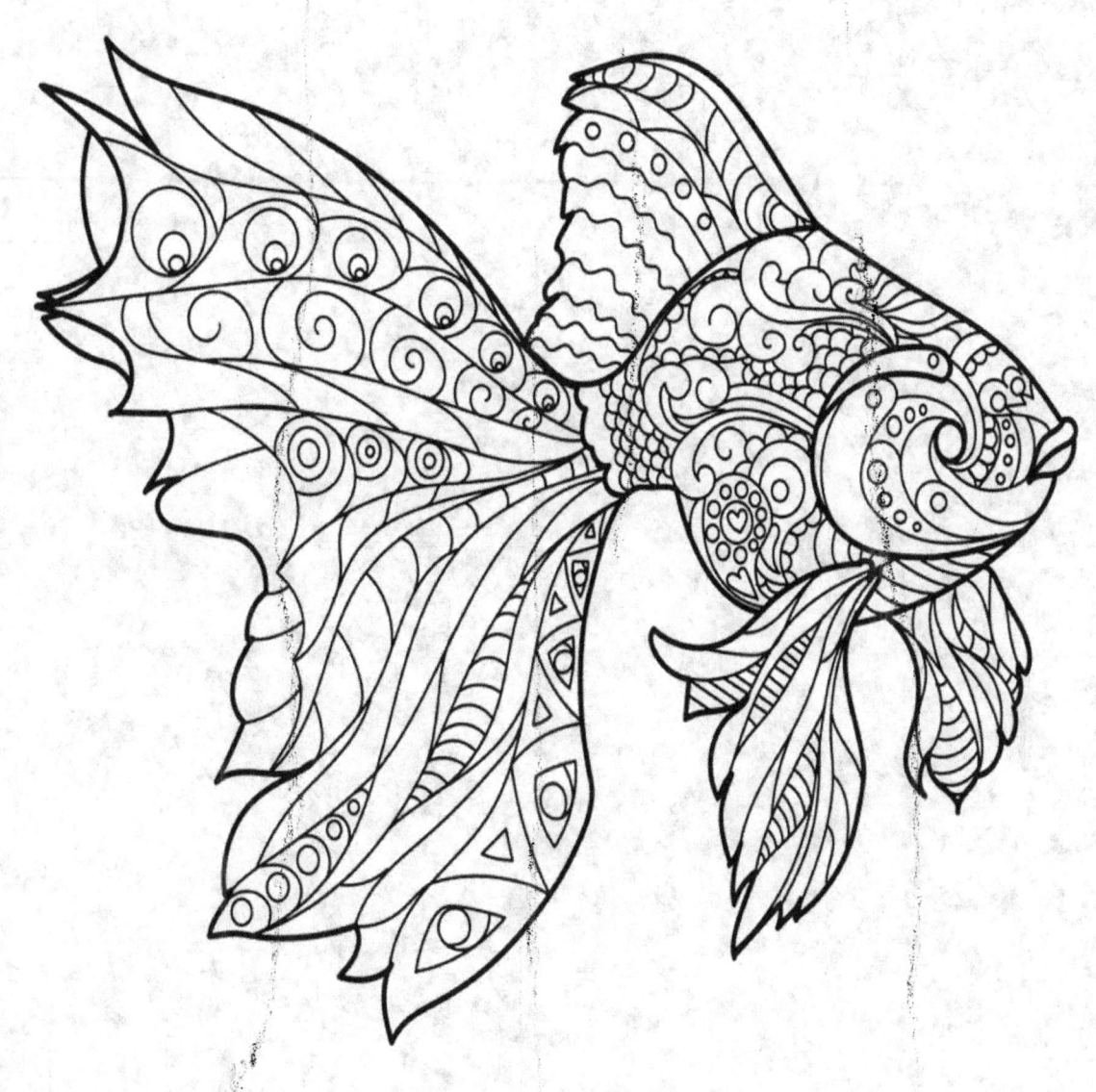

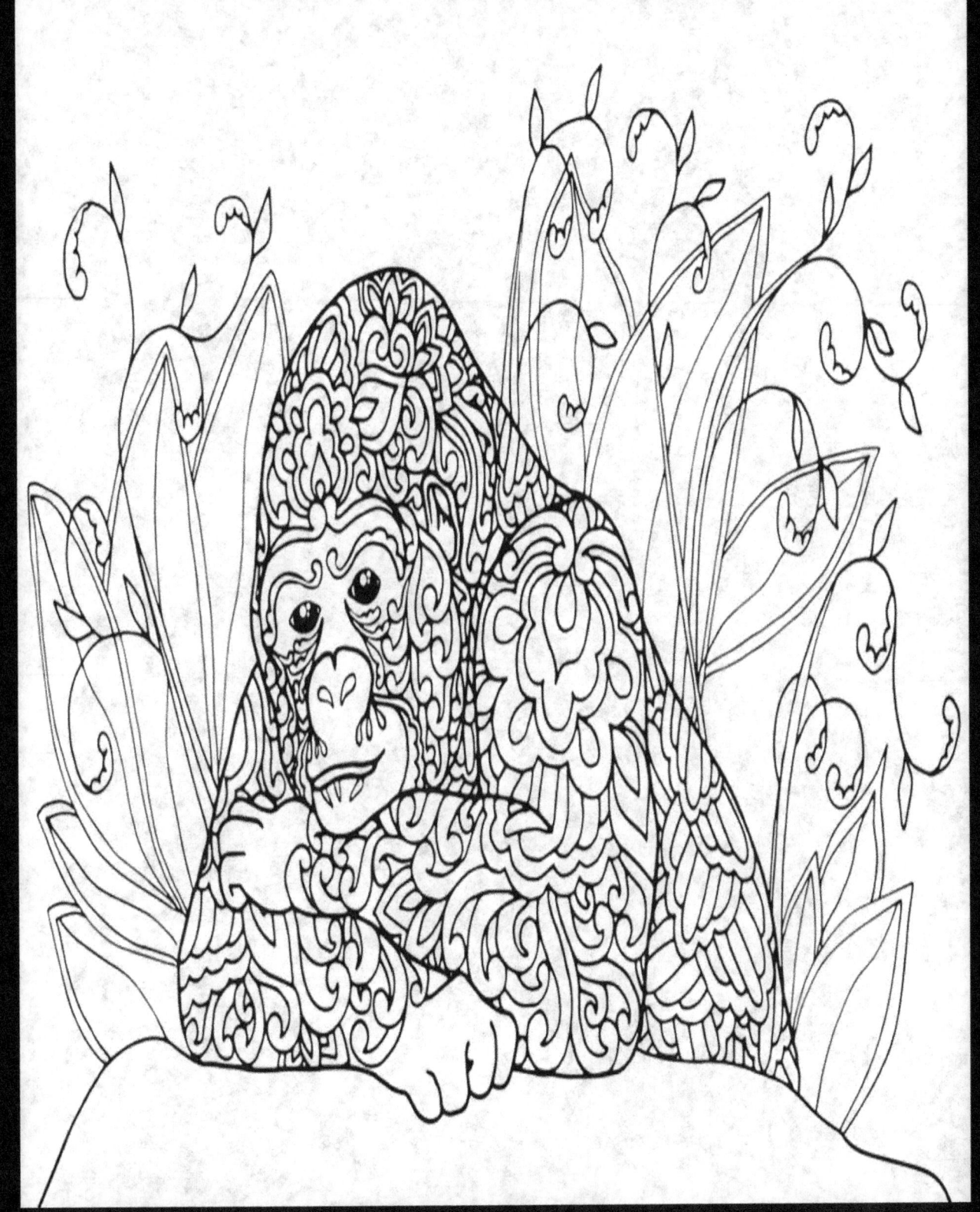

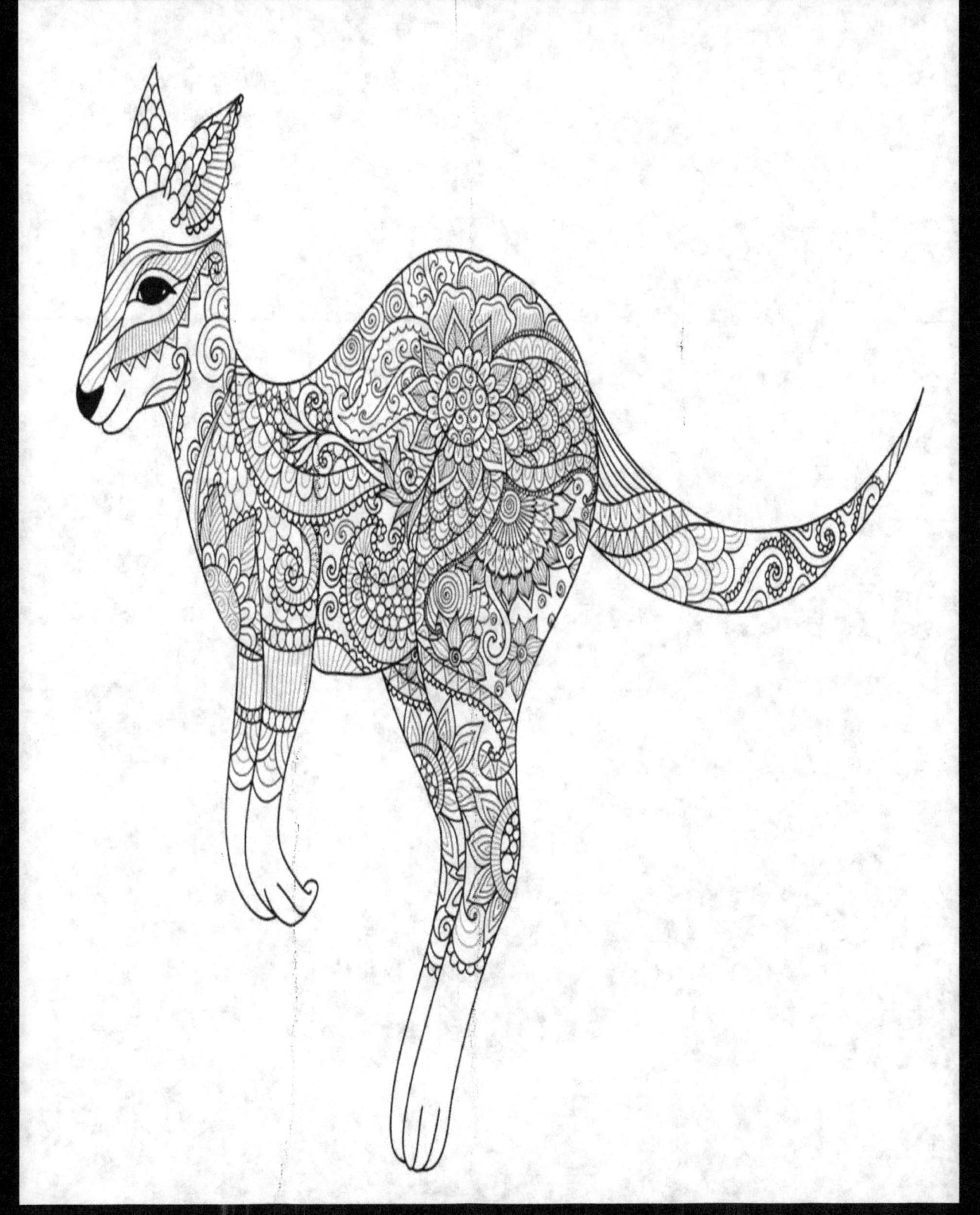

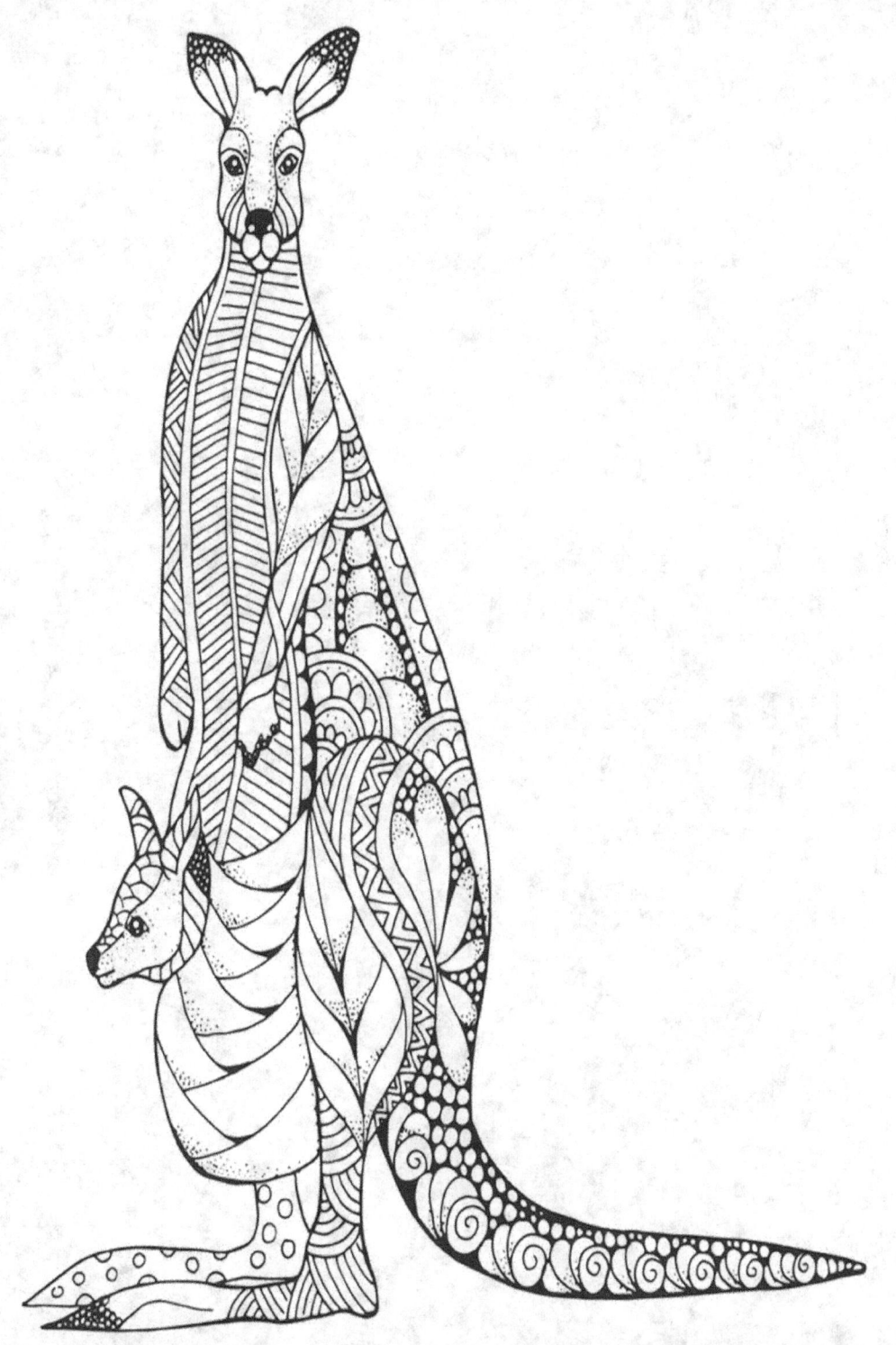

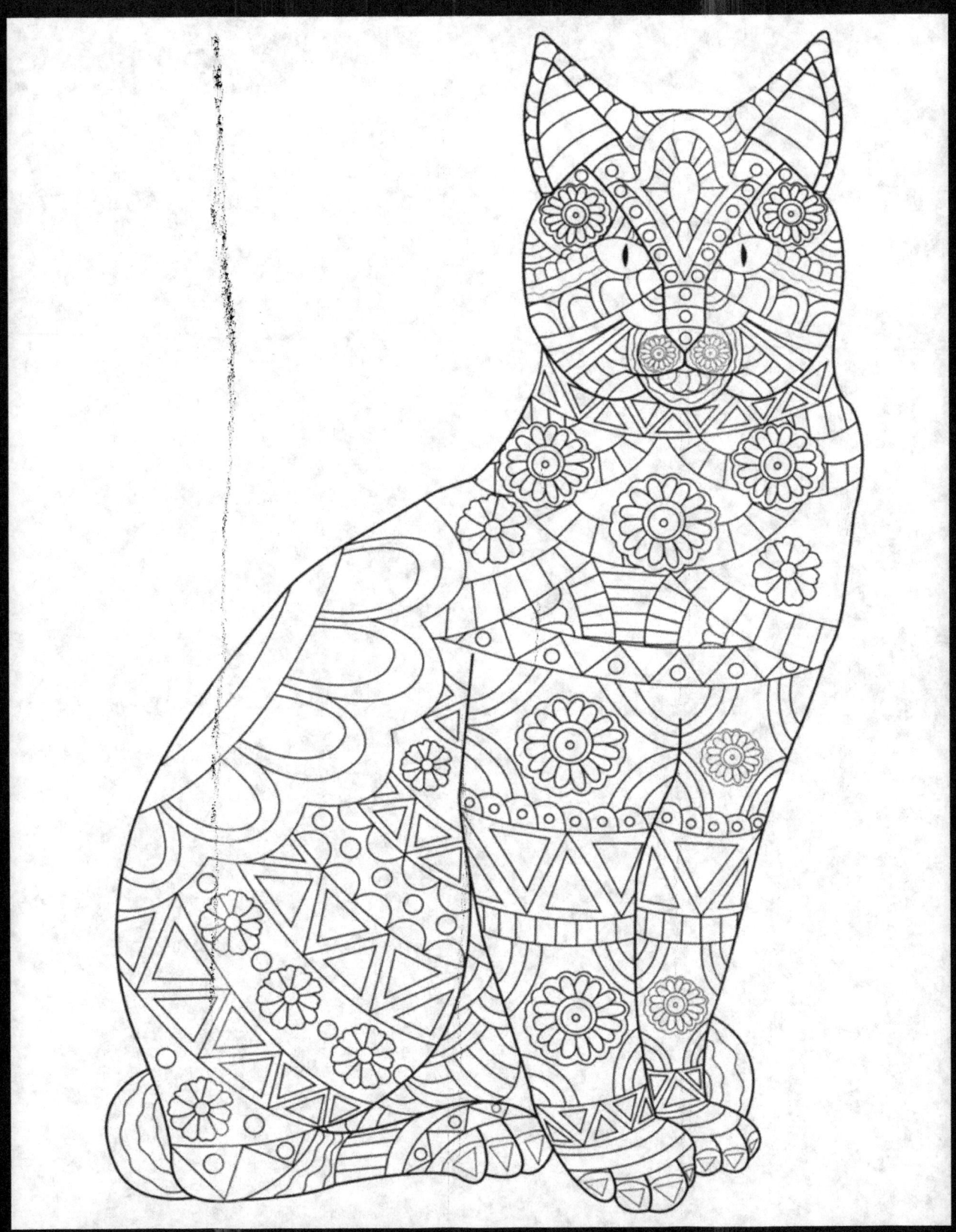

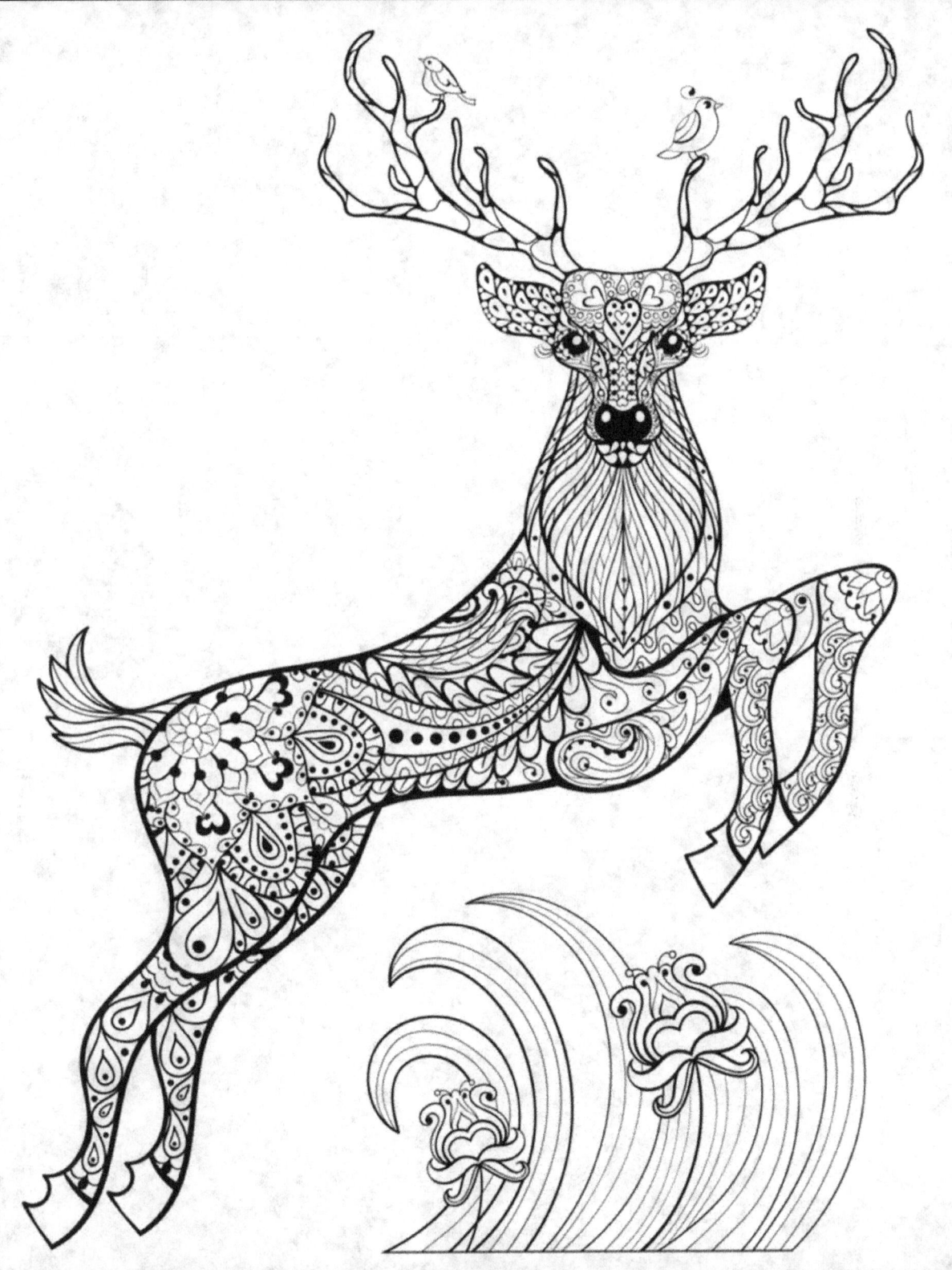

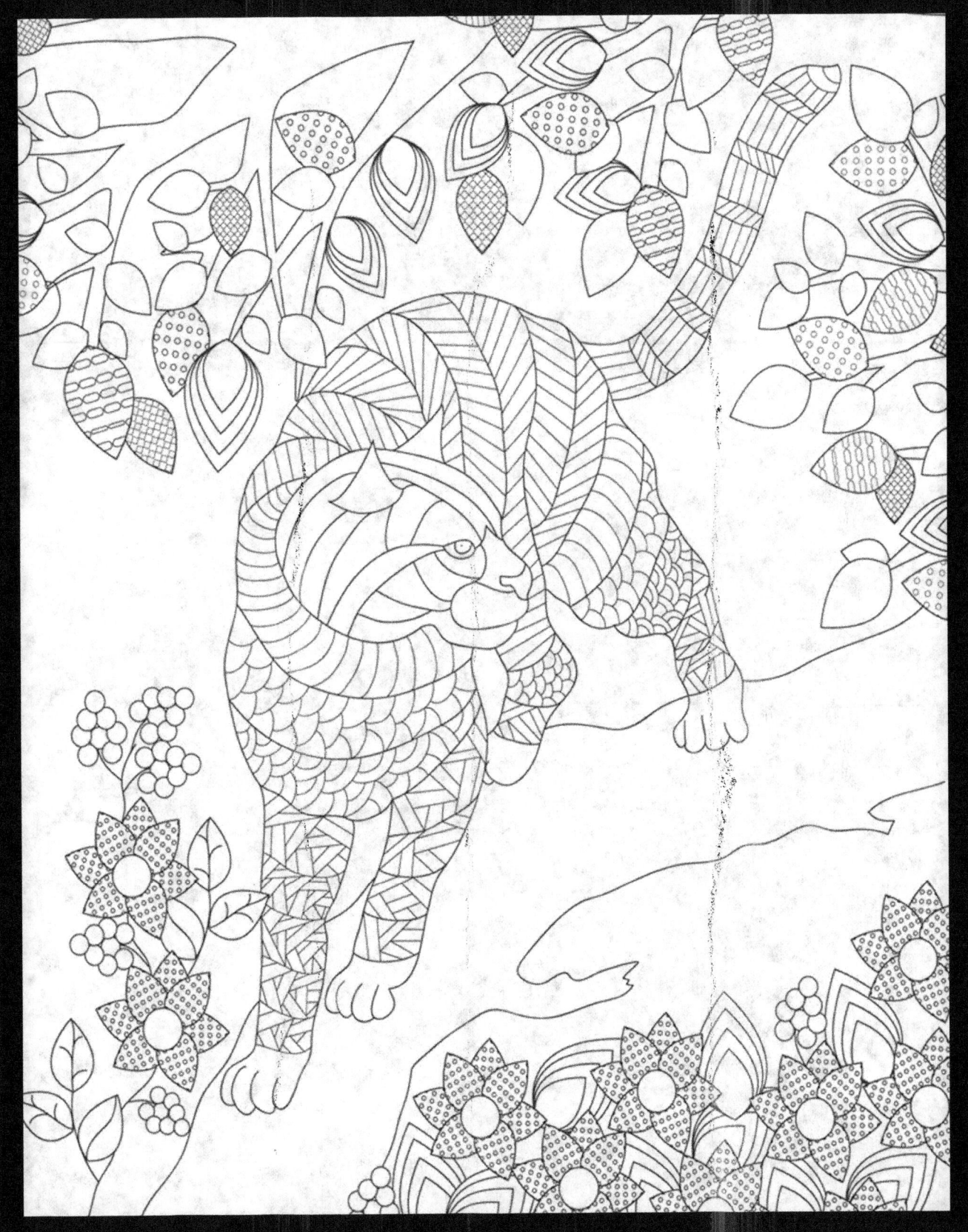

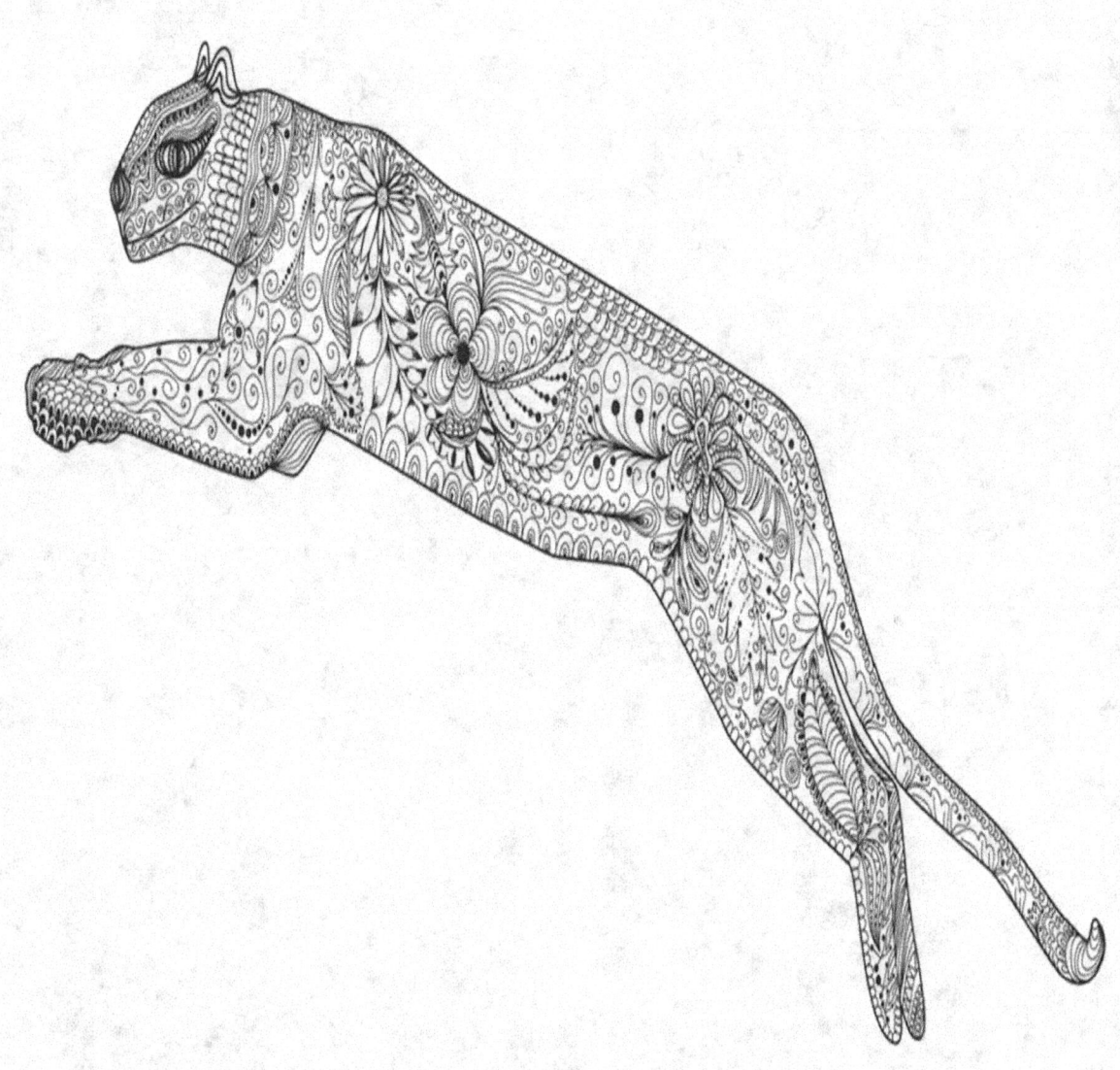

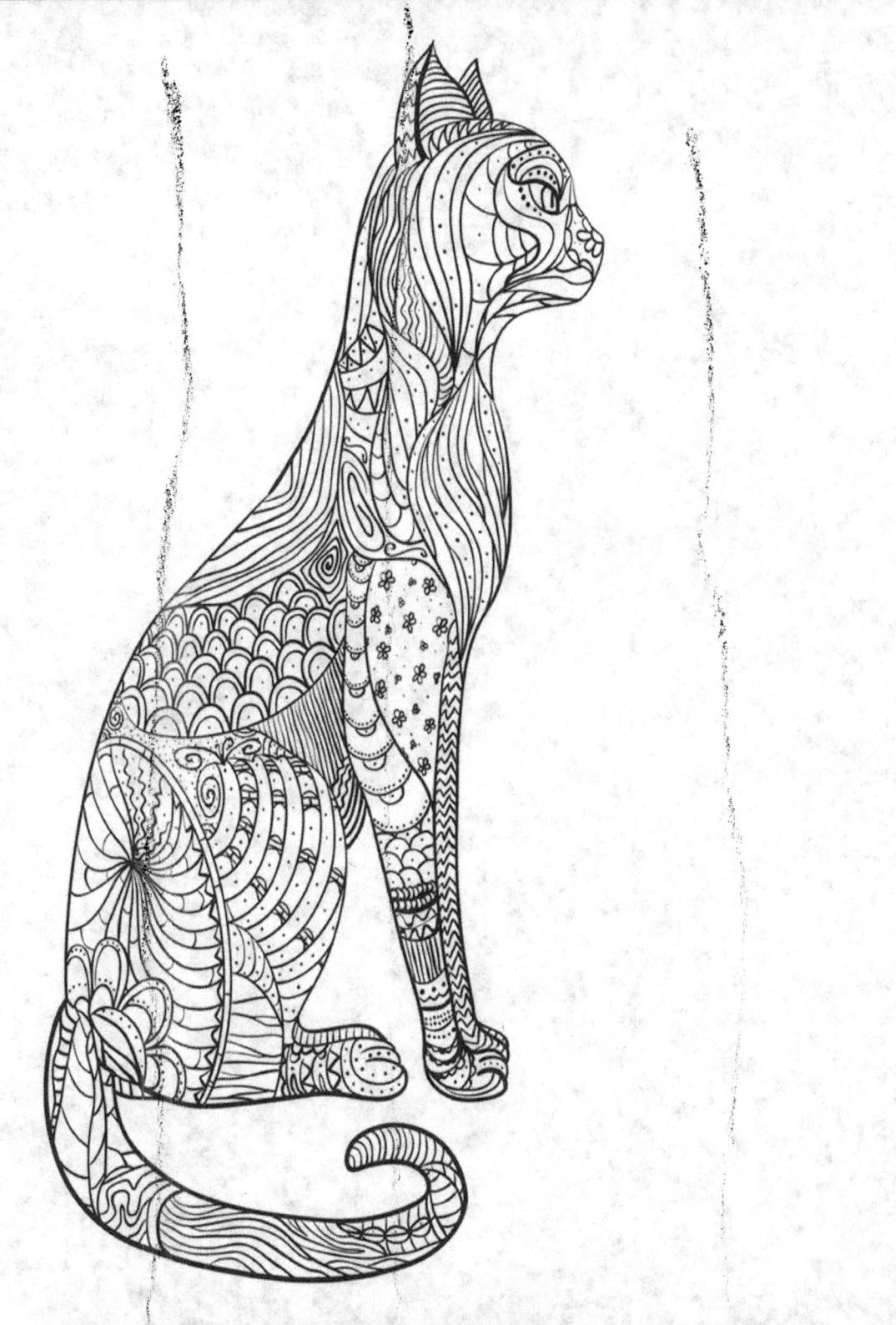

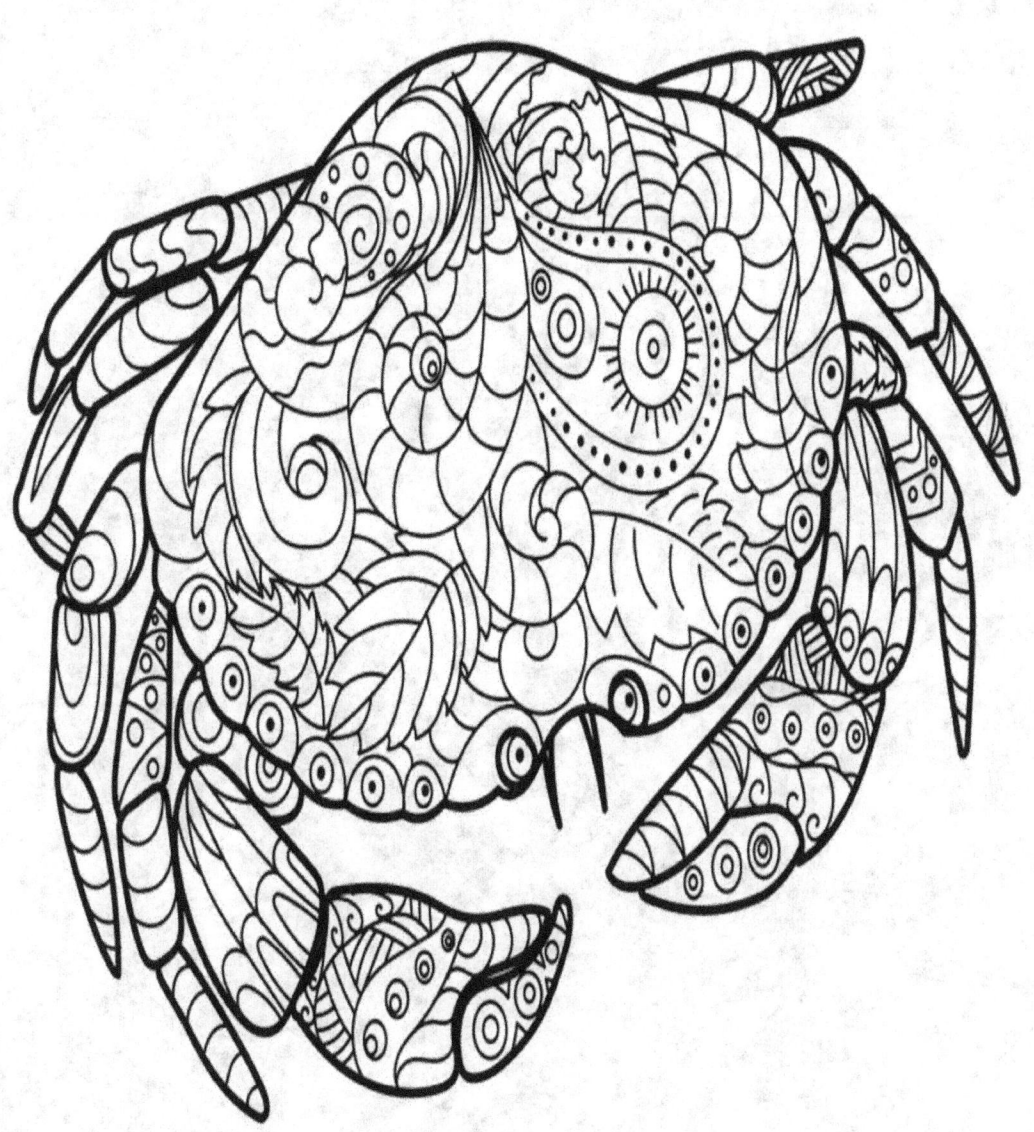

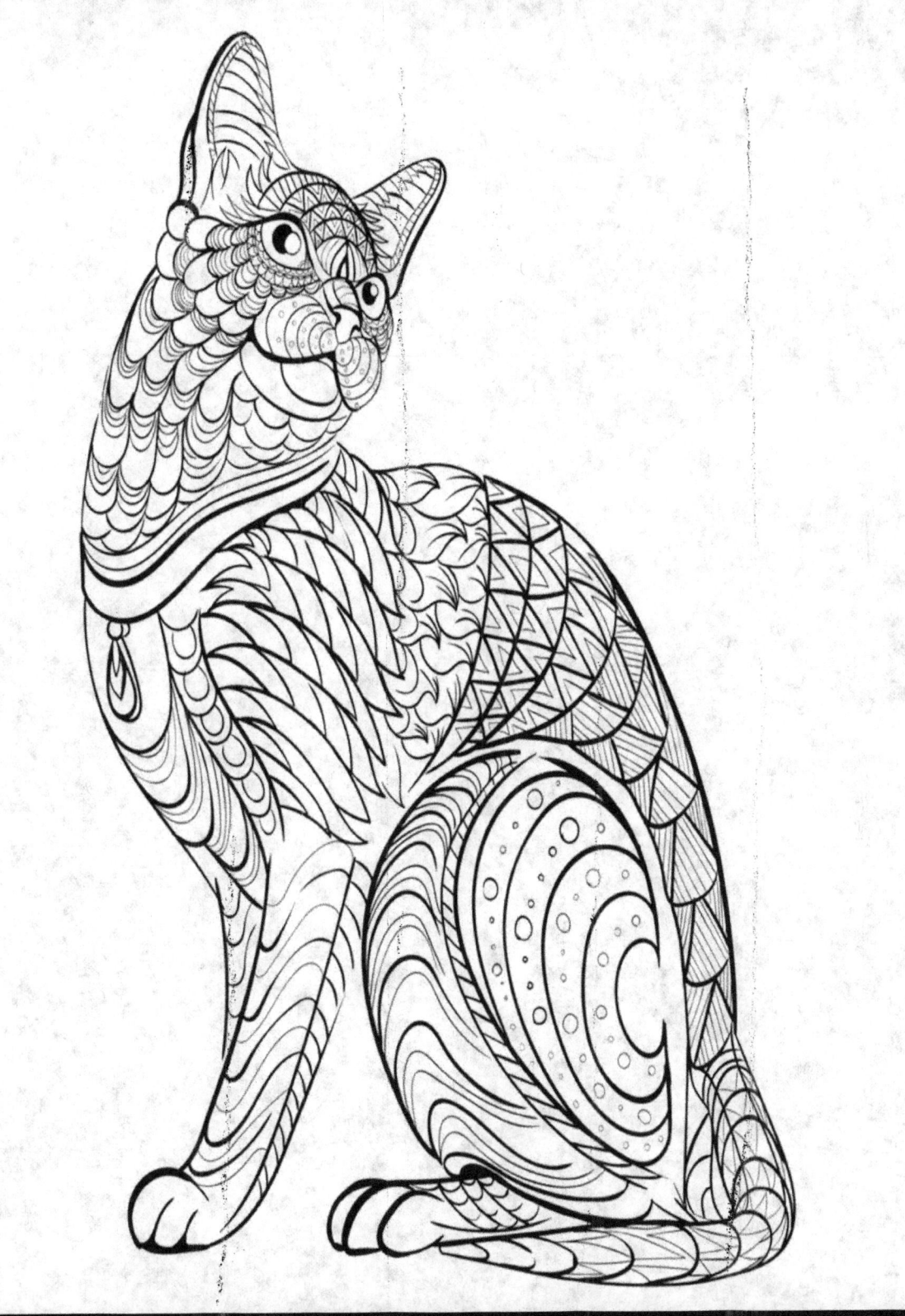

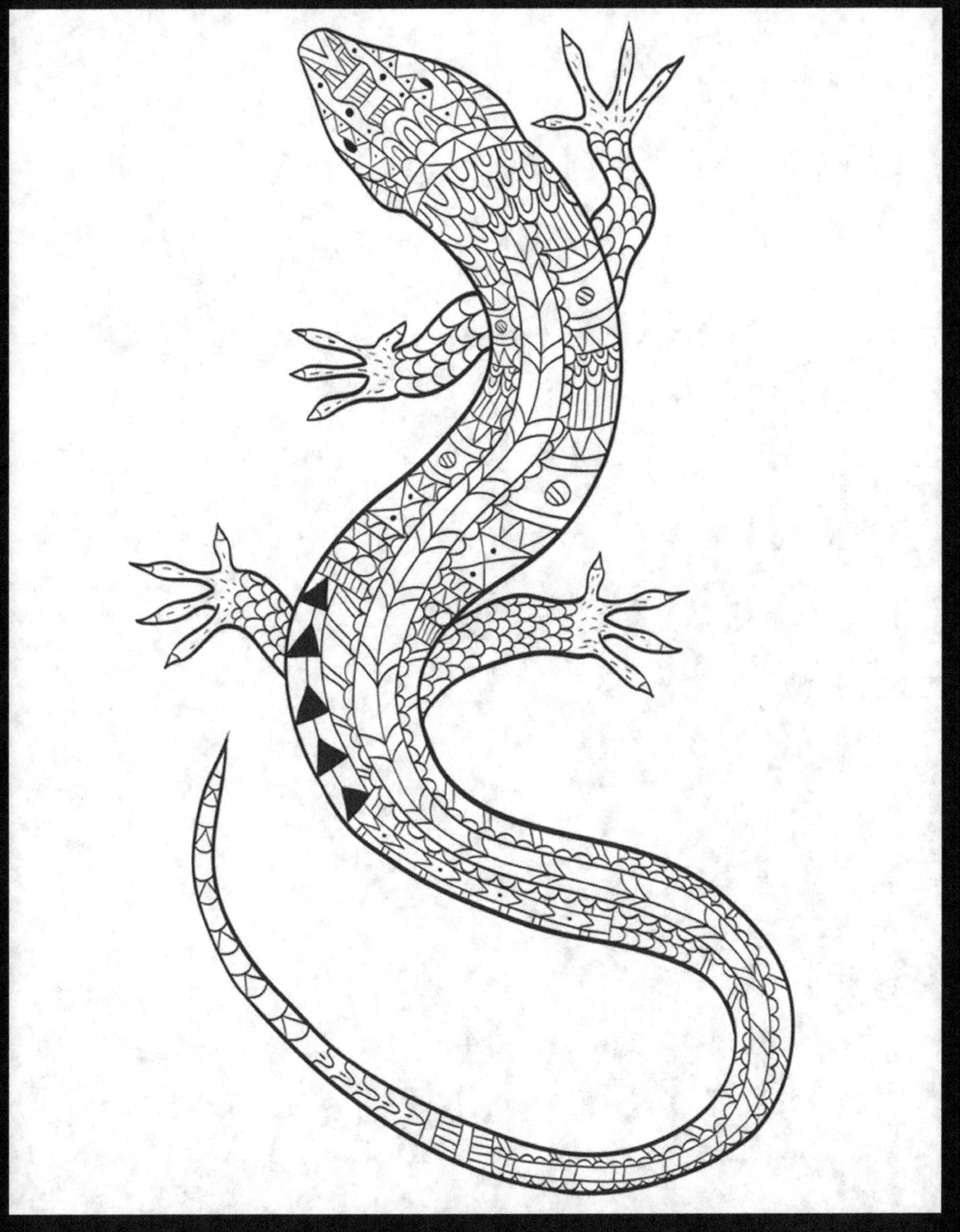

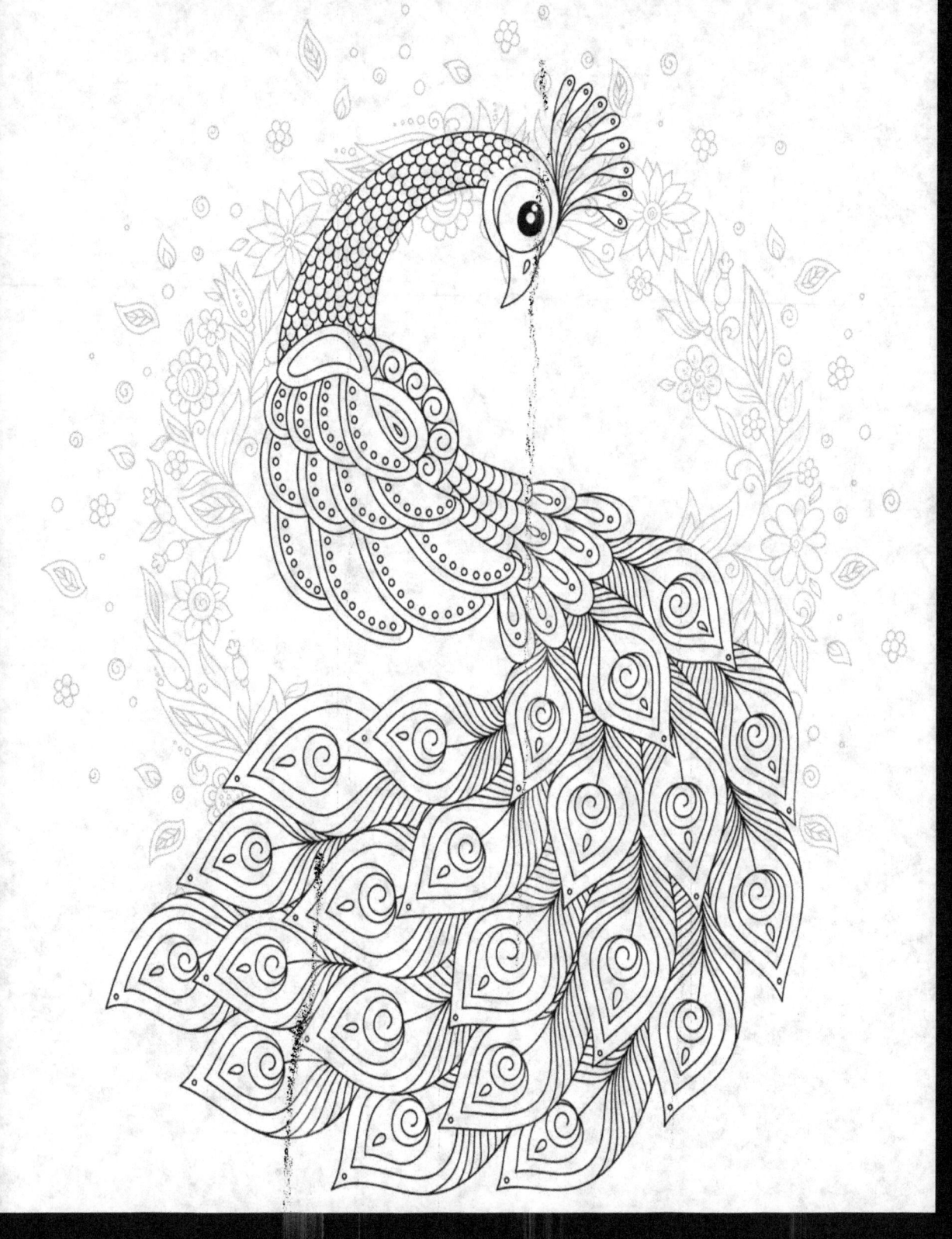

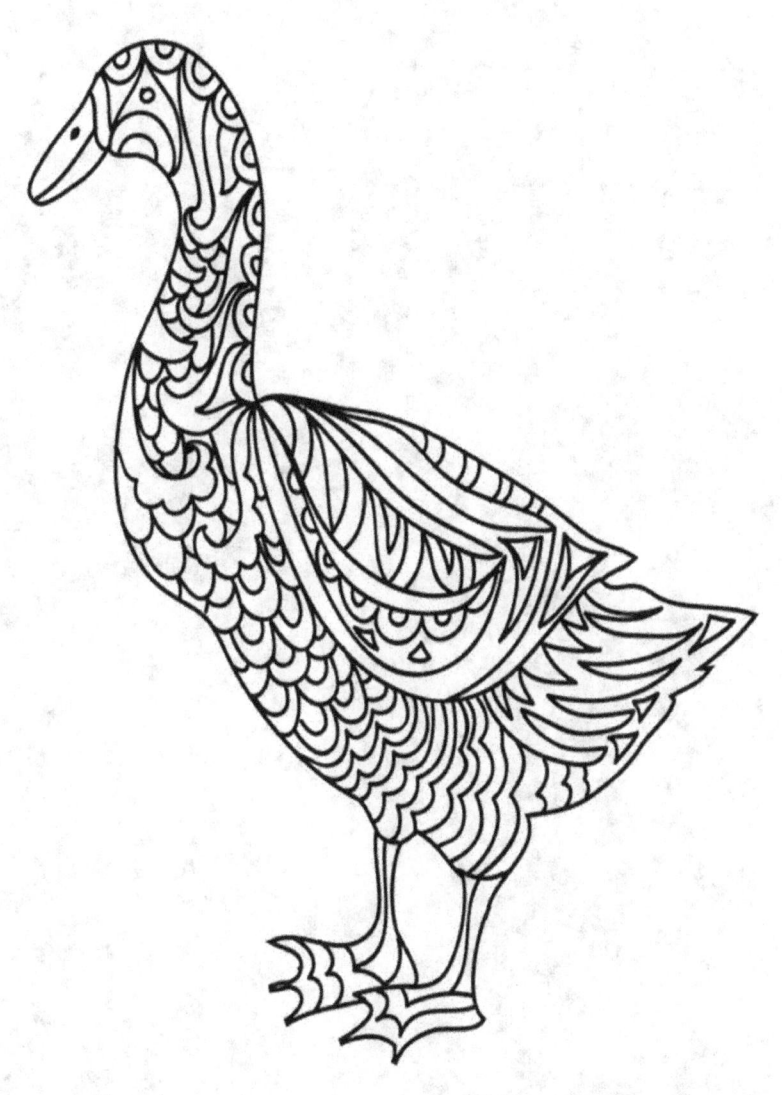

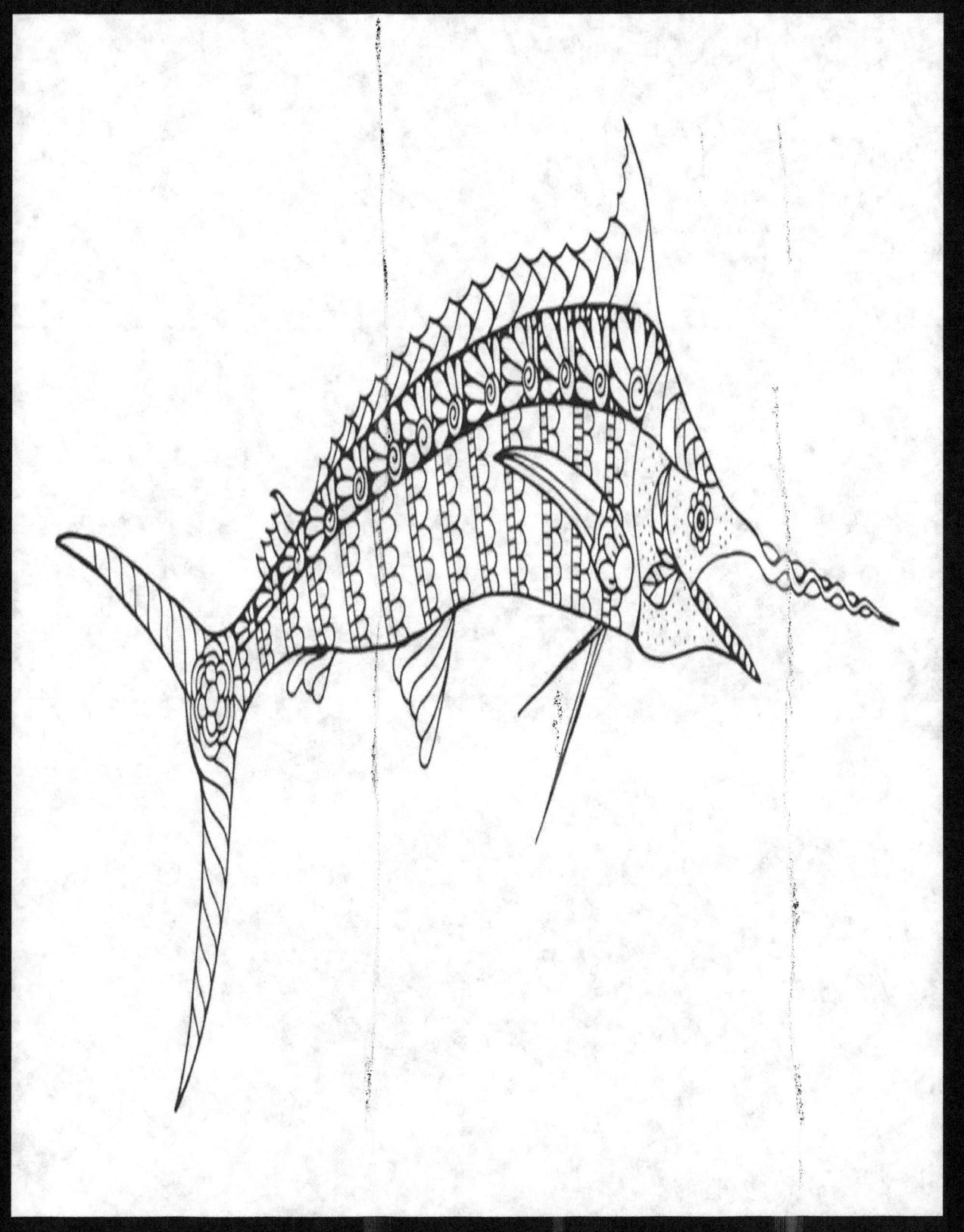

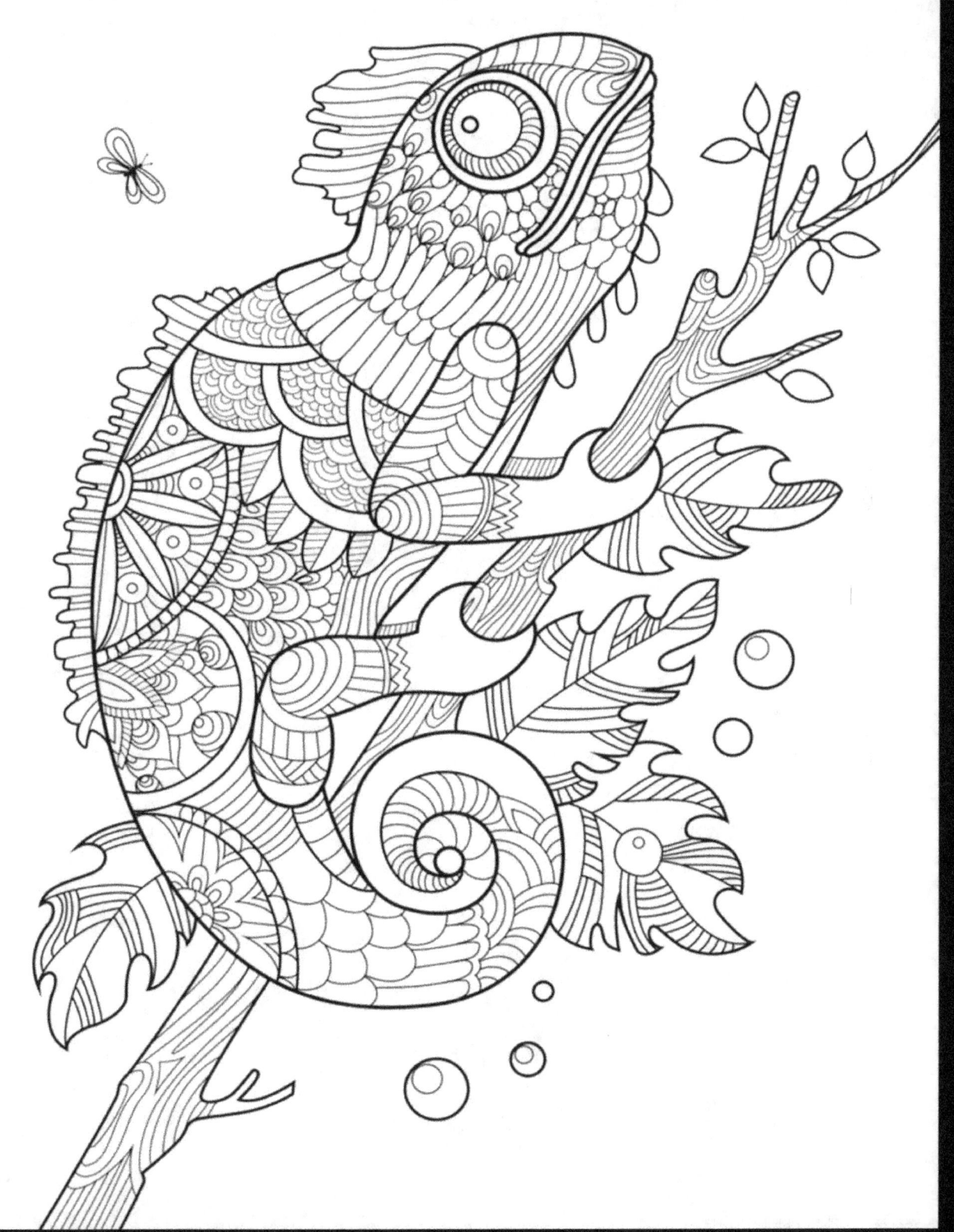

www.ingramcontent.com/pod-product-compliance
Lightning Source LLC
Chambersburg PA
CBHW080455220526

45465CB00006B/2274